군주론

군주론

초판 1쇄 발행 2020년 5월 29일
초판 11쇄 발행 2025년 1월 7일

지은이 니콜로 마키아벨리
펴낸이 남기성

펴낸곳 주식회사 자화상
인쇄,제작 데이타링크
출판사등록 신고번호 제 2016-000312호
주소 경기도 고양시 덕양구 꽃마을로 34, 1006호,1007호(향동동, DMC스타팰리스)
대표전화 (070) 7555-9653
이메일 sung0278@naver.com

ISBN 979-11-90298-78-0 00340

니콜로 마키아벨리

군주론

Il Principe

자화
상

차례

헌정사 :
니콜로 마키아벨리가
위대한 로렌초 데 메디치 전하께 올리는 글

군주의 환심을 사기 위해 노력하는 자들은 자신이 가장 아끼는 물건이나 군주가 좋아할 것이라 여기는 선물을 가지고 군주를 알현합니다. 그래서 군주들은 좋은 말과 무기, 금박의 예복, 보석과 같은 군주의 위엄에 어울리는 선물을 받고는 합니다.

저 역시 전하를 뵈면서, 전하에 대한 저의 충성심을 보여드릴 수 있는 선물을 준비하고자 했습니다. 하지만 제가 가지고 있는 것들 중에서 오랜 경험과 선현들의 업적에 대한 끊임없는 탐구를 통해 쌓은 저의 지식이 다른 무엇보다 더 가치 있고 소중한 것임을 깨닫게 되었습니다.

따라서 저는 오랫동안 생각한 사안들을 한 권의 작은 책자로 정리하여 전하께 바치고자 합니다.

물론 전하께 드리기에 이 책자는 여러모로 부족한 점이 많다고 생각합니다. 하지만 제가 그동안 갖가지 시련과 위험을 겪으며 체득하게 된 것들을 짧은 시간 내에 전하께서 읽어보실 수 있도록 쉽게 정리했습니다. 그렇기 때문에 이 책이 제가 바칠 수 있는 최대한의 선물이라고 여기며 받아주실 것이라 믿습니다.

저는 이 책을 쓸 때, 대다수의 저술가가 내용을 기술하고 꾸미기 위해 으레 사용하는 외양상의 수사 혹은 인위적인 기교를 일체 사용하지 않았습니다. 왜냐하면 저의 책이 인정받게 된다면, 그것은 외양상의 수사나 기교 때문이 아니라 오로지 그 책의 주제가 가지는 독창성과 중요성에서 비롯되어야 한다는 것이 저의 소망이었기 때문입니다.

감히 군주의 통치를 분석하고 그것에 관한 지침을 제시하는 것을 신분이 낮은 사람의 건방진 행동으로 보시지 않기를 희망합니다. 풍경을 그리는 화가는 산이나 고지대의 특징을 살펴보기 위해서 골짜기와 같은 낮은 곳에 있고, 넓은 평원의 전망을 살펴보기 위해서 산꼭대기에 올라갑니다. 마찬가지로 신민의 본성을 적절히 이해하기 위해서는 군주가 될 필요가 있고, 군주의 성격을 적절히 이해하기 위해서는 신민의 한 사람이 될 필요가 있습니다.

그러니 전하께서는 제 뜻을 알아주시어 이와 같은 작은 선물을 받아주십시오. 이 책을 꼼꼼히 읽고 그 뜻을 깊이 성찰하신다면 저의 깊은 소망, 즉 전하께서 전하의 탁월한 능력에 의해 위대한 과업이 성취되기를 바라는 저의 뜨거운 열망을 발견하실 수 있을 것입니다. 그리고 위대하신 전하가 계신 그 높은 자리에서 어쩌다 낮은 곳에 눈을 돌리시면, 제가 엄청나게 참혹한 불운에 의해 얼마나 많은 부당한 대우를 겪고 있는가를 보시게 될 것입니다.

제1장
군주국의 종류와 만들어지는 과정

역사를 통해 오늘날까지 인간을 지배해온 국가나 통치 체제는 모두 공화국이 아니면 군주국이었습니다. 군주국이란 나라를 다스리는 통치자가 오랫동안 같은 가문으로부터 내려오는 세습 군주국이거나 새로운 통치자가 나라를 다스리는 신생 군주국입니다.

보통 신생 군주국은 프란체스코 스포르차가 통치하는 밀라노처럼 전적으로 새로 탄생한 군주국이거나 스페인 왕이 통치하는 나폴리 왕국처럼 기존 세습 군주국의 군주에게 정복당해 새로 편입된 군주국입니다.

그런데 이런 방식으로 편입된 영토에는 과거 군주의

통치하에서 과거의 방식대로 익숙하게 살아오던 지역과 그렇지 않고 자유롭게 살아온 지역이 있습니다. 그리고 군주가 영토를 얻는 방법에는 다른 이의 무력을 이용하는 경우와 자신의 무력을 사용하는 경우가 있으며, 행운 또는 호의에 의한 경우와 능력에 의한 경우가 있습니다.

제2장
군주국의 성격: 세습 군주국

공화국에 대해서는 이전에 『로마사 논고』에서 길게 서술한 바 있습니다. 그렇기 때문에 이 책자에서는 다루지 않겠습니다. 저는 오직 군주국에 관해서만 서술하려 합니다. 앞장에서 제시한 분류에 따라 각각의 군주국들을 어떻게 통치하고 유지할 것인가에 대해 검토할 것입니다.

세습적인 통치자는 예기치 않은 변화를 피할 수 있다

오랫동안 하나의 가문으로부터 통치가 이어져 내려오

는 세습 군주국은 통치를 하는 과정에서 겪는 어려움이 신생 군주국보다 훨씬 적다는 것을 우선 말씀드립니다. 왜냐하면 세습 군주국은 기존의 사회 질서를 깨뜨리지 않는 것만으로도 국가가 충분히 유지될 수 있기 때문입니다. 그러므로 군주가 적당한 능력과 성실한 면만 갖추고 있으면 어떤 의외의 강적이 출현하여 그를 쫓아내지 않는 한, 그의 통치는 항상 평온할 것입니다. 설령 그런 사태가 발생하여 왕좌에서 물러난다고 해도 찬탈자가 통치에 어려움을 겪게 되면 이전의 군주는 예전의 지위를 다시 차지할 기회를 얻을 수 있게 됩니다.

이탈리아의 예를 들면 페라라 공작은 1484년의 베네치아인들의 공격과 1510년의 율리우스 2세 교황의 공격을 물리쳤습니다. 그가 이길 수 있었던 이유는 단지 하나였습니다. 바로 그의 가문이 그 지역을 오랫동안 통치하고 있었기 때문입니다.

세습 군주는 신생 군주에 비해 자신의 신민들을 괴롭힐 이유가 많지 않습니다. 그 결과 신민들은 그에게 좋은 감정을 가지게 됩니다. 따라서 군주가 상식 밖의 악행을 저질러 미움을 사지 않는 한 신민들이 그를 따르는 것은 세상의 당연한 이치입니다. 더구나 군주 가문의 통치가 오래 지속될수록 나라를 세울 때 구심점이 된 혁신의 원인은 서서히 기억 속에서 희미해지기 마련입니다. 모든 변화는 새로운 변화를 초래하는 화근을 남기기 때문입니다.

제3장
군주국의 성격: 복합 군주국

신생 군주국이 마주하는 어려움

새로 형성된 신생 군주국들은 많은 어려움을 경험하게 됩니다. 신생 군주국이 완전히 새롭게 만들어진 것이 아니고 두 개의 군주국이 합쳐져 복합 군주국으로 된 경우, 신생 군주국들이 공통적으로 경험하게 되는 자연발생적인 어려움으로 인해 변화가 생기게 될 것입니다.

사람들에게 지금의 상태를 개선시킬 수 있다는 믿음이 생기게 되면 그들은 스스로 군주를 갈아치우려 합니다. 이러한 믿음으로 무기를 들고 지배자에게 저항하게 되는 데, 그것은 그들이 착각에 빠져 있기 때문입니다. 하지만 이내 곧 호된 경험을 겪은 후 뒤늦게 상황이 더욱 악화됐다는 것을 알아차립니다. 결국 그들은 스스로 어리석은 자가 됩니다.

신생 군주는 언제나 자신의 군대를 통해, 새로운 정복에 따른 무수한 가해행위를 통해 새로운 신민들에게 고통을 줄 수밖에 없는 상황에 처하게 됩니다. 그렇기 때문에 다른 군주국을 병합하는 과정에서 피해를 입었던 모든 사람을 적으로 만들게 됩니다.

새로운 지배자가 되는 데 도움을 준 사람들에게는 애초에 그들이 기대했던 만큼 만족시켜주지 못했기 때문에 그들의 우호적인 관계도 유지할 수 없는 상황에 직면합니다. 그러므로 신생 군주는 제아무리 강력한 군사력을 지니고 있다 하더라도 어떤 지역을 점령하려면 초기 병합 단계에서 그 지역 거주민들의 지지가 필수입니다.

바로 이러한 이유로 프랑스의 루이 12세는 단숨에 루도비코 스포르차가 통치하던 밀라노를 정복했지만 이윽고 순식간에 잃고 말았습니다. 루도비코는 자신의 군대만으로도 그 지역을 단숨에 다시 찾을 수 있을 만큼 자신만만했습니다. 루이 12세에게 도시의 성문을 열어주었던 신민들이 본인 기대만큼 생활이 개선되지 않자 새로운 군주를 지지하지 않았기 때문입니다.

두 번째 정복의 경우

반란을 일으켰던 지역을 다시 정복한 경우라면 좀처럼 권력을 잃지 않게 됩니다. 왜냐하면 다시 그 지역을 탈환한 새로운 군주는 이전의 반란으로 인해 그의 권력을 강화하고자 반역자와 역모 혐의자를 찾아내 처벌할 것이며, 자신의 통치상의 약점을 고치기 위해 더욱 무자비하고 단호하게 대처할 것이기 때문입니다.

그리하여 루도비코 공작은 처음에 단순히 국경 지역을 교란하는 것만으로도 밀라노에서 프랑스 왕을 몰아낼 수 있었습니다. 하지만 두 번째로 프랑스 군대를 격파하면서 이탈리아에서 몰아낼 때는 주변 국가 연합에 대항해야만

했습니다. 그런데도 프랑스로부터 군주가 밀라노를 두 번씩이나 잃게 된 사실은 부인할 수 없습니다.

정복한 영토를 확보하는 방법

처음에 영토를 잃게 된 이유에 관해서는 앞에서 서술한 바 있습니다. 이제 한 번 탈환한 영토를 다시 또 잃게 된 이유를 구체적으로 논의하고, 프랑스 왕에게 어떤 해결책이 있었는지 밝히며, 그와 유사한 상황에 처한 군주가 어떻게 하면 프랑스 왕이 다스렸던 것보다 더 탄탄하게 점령지를 유지할 수 있는가를 이야기하고자 합니다.

우선 정복자가 새로이 점령한 영토를 본국에 병합한 경우, 그것이 동일한 지역에서 동일한 언어를 사용하는가 아닌가에 따라서 달라집니다. 만약 동일 언어 지역이라면 영토를 유지하는 것은 매우 쉬운 일이 됩니다. 특히 그곳의 신민들이 자치(自治)에 익숙하지 않을 경우 통치는 더더욱 쉬울 것입니다.

그곳을 지배하던 군주의 가문을 없애버리는 것만으로도 영토는 안정적으로 확보됩니다. 왜냐하면 그 밖의 오래된 생활양식이 그대로 유지되고 관습도 변하지 않는다면 신민들은 이전과 마찬가지로 평화로운 삶을 지속할 수 있기 때문입니다.

그 예로 프랑스에 오랫동안 병합되어 있던 부르고뉴, 브르타뉴, 가스코뉴, 노르망디의 경우 비록 언어상의 차이는 약간 있었지만 그 지방들의 풍습은 프랑스와 유사했기 때문에 지금까지 별다른 어려움이 없었습니다.

따라서 그러한 영토를 병합하여 유지하려는 군주라면 누구든 다음의 두 가지 정책을 따라야 합니다.

첫째, 예전에 통치하던 군주의 가문을 제거해야 합니다. 둘째, 그들의 법률을 바꾸지 말고 조세방법에 변화를 주지 말아야 합니다. 그렇게 하면 새로운 영토는 짧은 시일 내에 통합되어 하나의 정치체제 안에 녹아들 것입니다.

본국과 언어가 다른 영토를 정복한 경우

언어와 관습 그리고 제도가 다른 영토가 기존의 군주국에 병합되면 상당한 어려움이 발생합니다. 그래서 그곳을 유지하는 데 있어 커다란 행운과 노력이 필요하게 됩니다.

가장 최선의 효과적인 해결책은 정복한 자가 그 지역으로 친히 가서 거주하는 것입니다. 그렇게 하면 투르크가 그리스를 통치했던 것처럼 병합된 지역을 보다 안정적으로 오래 확보할 수 있습니다. 만약 투르크가 점령지를 유지하기 위한 모든 조치를 했는데도 현지에 가서 거주하지 않았다면 그 지역을 유지하기란 힘들었을 것입니다. 현지에 가서 직접 살게 되면 예기치 못한 사고가 생겼을 때 바로 찾아낼 수 있으며 즉각적인 조치를 취할 수 있습니다. 그러나 현지에 살지 않을 경우, 사고가 생겼을 때 이미 해결이 불가능할 때가 되어서야 비로소 사태의 심각성을 알아차리게 됩니다.

게다가 직접 그 지역에서 살면, 자신이 임명한 관리들

이 신민들을 함부로 약탈하지 못하게 방지할 수 있습니다. 또 신민들은 군주에게 직접 호소할 수 있기 때문에 만족할 것입니다. 그 결과 통치를 받아들인 신민들은 군주에게 헌신할 것이고, 그렇지 않은 자들은 군주를 두렵게 여기는 이유를 가지게 될 것입니다.

또한 그 국가를 침범하려는 외국 세력이 있다면 누구라도 매우 주저하게 될 것입니다. 이러한 모든 것을 고려할 때 현지에 사는 것만으로도 군주는 지극히 어려운 문제가 발생하지 않는 이상, 그 영토를 결코 쉽게 빼앗기지 않을 것입니다.

식민지

차선의 다른 해결책은 이른바 정복국가의 거점이 될 수 있는 식민지를 몇 군데에 만들어두는 것입니다. 만약 그렇게 못한다면 대규모의 무장 병력을 영토에 주둔시킬 필요가 있습니다. 식민지를 운영하는 데는 비용이 거의 들지 않습니다. 따라서 군주는 아주 적은 비용 혹은 전혀 비용을 들이지 않고서도 식민지를 설치하고 유지할 수 있습니다.

식민지 건설로 피해를 보는 사람들은 새로운 이주민들에게 자신의 경작지와 집을 잃게 되는 사람들뿐입니다. 이런 식으로 피해를 보는 사람들은 소수에 불과합니다. 더욱이 손해를 보게 되는 사람들은 여러 곳으로 분산되고 가난해지기 때문에 군주에게 보복할 엄두를 내지 못합니다. 그 밖의 나머지 다수의 주민들은 안심할 것이며, 다른 사람들처럼 소유물을 빼앗길까 두려워 말썽을 피울 엄두조차 못 내게 됩니다.

따라서 저는 이러한 식민지 운영은 비용도 많이 들지 않고, 주민들이 보다 충성심을 갖게 되므로 오직 소수의 사람들에게만 해를 입히는 데 불과하다고 판단합니다. 그리고 이미 말한 것처럼 그로 인해서 희생당한 사람들은 가난해지고 뿔뿔이 흩어져 버리기 때문에 군주에게 해를 끼치지 못할 것입니다.

어중간한 조치는 결단코 피해야 한다

식민지 사람들을 대할 때는 그들을 다정하게 받아주거나 아니면 철저하게 짓밟아버려야 합니다. 왜냐하면 인간이란 사소한 피해를 입었을 때는 보복을 꾀하지만 막대한 피해를 입었을 때는 감히 복수할 엄두도 내지 못하기 때문입니다. 따라서 사람들에게 피해를 입히려면 복수를 걱정할 필요조차 없을 정도로 잔인하게 짓밟아야만 합니다.

군대를 주둔시킬 때의 문제점

식민지 건설 대신 군대를 파견한다면 예상보다 많은 비용이 들 것입니다. 왜냐하면 그 지역에서 거두어들인 세금은 모두 그 지역의 안보에 사용되기 때문입니다. 그래서 그 영토는 오히려 군주에게 손해가 됩니다. 게다가 군대가 그 영토 안에 주둔하면 모든 지역에 손해를 끼치기 때문에 예상보다 더 심각한 피해가 발생할 것입니다.

결국 지역의 주민들은 이러한 불편에 대해 분노하게 되고 서서히 반감을 품게 될 것입니다. 이렇게 형성된 적개심은 훗날 매우 위험해질 수 있습니다. 비록 정복당하기는 했지만 그들은 자신들의 고향에 머물고 있기 때문입니다. 따라서 모든 점에서 볼 때, 식민지화가 다른 무엇보다 효과적이지만 군대를 주둔시키는 정책은 잘못된 것이라고 말할 수 있습니다.

약소국을 다루는 법

자신의 국가와 풍습이나 언어가 다른 지역을 정복했다면 스스로 인접한 약소국들의 보호자 역할을 담당하고, 그 지역에서 강력한 국가를 약화시키도록 노력해야 합니다. 그래서 돌발적인 사태가 발생할 때, 외부의 강력한 국가가 개입하지 못하도록 항상 경계해야 합니다.

아이톨리아인들이 로마인들을 그리스로 끌어들였던 것처럼, 지나친 야심이나 두려움으로 불만을 품게 된 자들은 언제나 강력한 외부 세력을 끌어들이기 마련입니다. 로마가 침범했던 나라는 모두 그 나라 거주민들의 지원이 있었습니다.

통상적으로 강력한 외부 세력이 어느 지역으로 진입하게 됐을 때 그곳의 군소 세력이 모두 그에 매달리게 되는데, 그 이유는 그들이 자신들을 지배하고 있던 통치자에 대해 앙심을 품고 있었기 때문입니다. 그러므로 이러한 군소 세력들을 장악하는 데에는 어려움이 없습니다. 그들은 모두 즉각적이고 자발적으로 새로운 군주가 점령한 국가의 일원이 되고자 하기 때문입니다. 따라서 군주는 단지 그들이 너무 강한 군사력이나 영향력을 갖지 못하도록 경계만 늦추지 않으면 됩니다.

또한 군주는 자신의 군대를 그들이 지원하게 함으로써 강력한 세력들을 매우 쉽게 진압할 수 있습니다. 그리고 이내 그 나라를 완전히 장악할 수 있습니다. 이런 식으로 행동하지 않는 군주는 자신이 획득한 것을 쉽게 잃을 수 있으며, 그 영토를 통치하는 동안에도 무수히 많은 환란과 분규를 겪게 될 것입니다.

로마인들이 채택한 통치방식

로마인들은 자신들이 점령한 나라에서 이러한 정책을 아주 훌륭하게 시행했습니다. 그들은 식민지를 건설했으며, 군소 세력의 힘을 증대시키지 않으면서 우호적인 관계를 유지했으며, 그 안에서 강해진 세력은 진압하고, 강력한 외국 세력이 그 지역에 영향력을 행사하지 못하도록 조치했습니다.

그 예를 하나 들겠습니다. 로마는 아카이아인과 아이톨리아인을 견제했고, 마케도니아 왕국은 쳐부수고, 안티오코스 3세는 그 지역에서 쫓아냈습니다.

하지만 로마인들은 아카이아인과 아이톨리아인이 자신들을 지원했음에도 불구하고 그들의 세력이 강성해지는 것은 결코 허용하지 않았습니다. 또한 마케도니아의 필리포스 2세가 동맹을 원했지만 로마인들은 그의 권력이 돌아오는 것을 허용하지 않았습니다. 심지어 안티오코스는 강력한 군사력을 지니고 있었음에도 그리스 내의 어떤 영토도 그들에게 허용되지 않았습니다.

미래에 대한 경계

　로마인들은 현명한 군주라면 누구나 할 수 있는 조치를 취했습니다. 이러한 조치들은 현재의 분규뿐만 아니라 미래에 일어날지도 모를 분규에 대한 배려를 바탕으로 하며, 발생하는 사태를 극복하기 위해 모든 수단을 강구합니다. 만약 분규가 발생하기 전에 알아차리면 처방하기가 쉽지만, 늦도록 방치하여 사태가 커지면 처방은 이미 너무 늦어, 그 질병은 치유할 수 없는 지경에 이르러 그 어떤 치료도 무용지물이기 때문입니다.

　바로 의사들이 말하는 소모성 열병에 관한 이야기가 이 경우에 적용됩니다. 즉 질병은 초기에는 진단하기는 어렵지만 치료하기는 쉽고, 시간이 경과한 후에는 진단은 쉬우나 치료는 어려워집니다.

　국가를 통치하는 일도 마찬가지입니다. 정치적인 문제를 일찍이 알아차리면(이것은 현명하고 안목을 가진 자에게만 주어지는 재능입니다) 신속히 치유할 수 있습니다. 그러나 일찍이 인식하지 못하고 사태가 악화되어 모든 사람이 알아차릴 정도가 되어 버렸다면 어떤 해결책도 더 이상 소용없습니다.

로마인들은 재난을 미리부터 예견했기 때문에 항상 적절하게 대처할 수 있었습니다. 그들은 전쟁을 피하기 위해 그런 문젯거리들이 자라는 것을 결코 용납하지 않았습니다. 그들은 전쟁이란 것이 피할 수 있는 게 아니라, 단지 적에게 유리한 상황이 될 때까지 지연되는 것이라는 걸 익히 알고 있었기 때문입니다. 바로 이러한 이유로 로마인들은 이탈리아에서 전투를 벌이게 되는 상황을 피하기 위해 선수를 쳐서 그리스에서 필리포스와 안티오코스를 맞아 싸우기 위해 진격해 들어갔습니다.

또한 당시의 로마인들은 그리스에서 그 두 세력을 상대로 싸우는 것을 피할 수도 있었지만 피하지 않기로 결정했습니다. 더욱이 그들은 우리 시대의 현자들이 말하고 있는 '유리한 시간이 오기를 기다려라'는 격언을 받아들이지 않았습니다. 오히려 그들은 자신들이 지니고 있는 힘과 신중함을 통해 얻는 이득을 취하는 것을 선호했습니다. 왜냐하면 시간은 모든 것을 몰고 오며, 해악은 이득을, 이득은 해악을 가져오기 때문입니다.

이탈리아에서 루이 12세가 거둔 초기의 성공

다시 프랑스 왕의 사례로 돌아가 그가 지금까지 서술했던 것들 중에서 과연 어느 것을 채택했는지 살펴보겠습니다. 다만 샤를 8세 대신 루이 12세의 경우를 논하겠습니다. 샤를보다 루이 왕이 훨씬 더 오랫동안 이탈리아 영토를 지배했으므로 그의 통치과정을 더욱 상세하게 연구할 수 있기 때문입니다.

여기서 우리는 그가 외국의 영토를 통치하기 위해 꼭 지켜야만 하는 것과는 정반대의 정책을 시행한 것을 발견할 수 있습니다. 루이 왕의 이탈리아 침입은 베네치아인들의 야심찬 지원 아래 진행되었는데, 그들은 루이 왕을 끌어들임으로써 롬바르디아 영토의 반을 차지하고자 했습니다.

루이 왕이 택한 정책을 비난하지는 않겠습니다. 그는 이탈리아에 발판을 구축하고 싶었지만 그 지역에서 아무런 동맹도 맺고 있지 않았습니다. 그렇기 때문에 맺을 수 있는 동맹이라면 어느 것이든지 맺지 않을 수 없는 처지에 몰려 있었습니다. 그가 다른 실수를 저지르지 않았다면 충분히 가치 있는 이 계획은 성공했을 것입니다.

롬바르디아를 정복했을 때, 루이 왕은 샤를 왕으로 인해 잃었던 명성을 즉시 되찾을 수 있었습니다. 제노바는 항복했고 피렌체는 동맹이 되었습니다. 만토바 후작, 페라라 공작, 벤티볼리오가, 포를리 백작부인, 파엔차와 페사로, 리미니, 카메리노, 피옴비노의 영주들 그리고 루카, 피사, 시에나의 신민들이 그에게 접근하여 동맹을 맺고자 했습니다.

그렇게 되고 나서야 베네치아인들은 자신들의 계략이 경솔하게 행해졌다는 것을 깨달았습니다. 롬바르디아의 한 귀퉁이를 욕심내던 그들은 프랑스 왕으로 하여금 이탈리아 반도의 3분의 1을 차지하게 만들었습니다.

루이 왕이 취했어야 했던 조치들

만약 루이 왕이 앞서 제시한 규칙을 따르고 동맹국들

을 유지하고 보호해주었다면 이탈리아에서의 위상을 매우 쉽게 확보했을 것입니다. 그에게는 많은 동맹국이 있었고, 동시에 그들은 모두 세력이 미약했습니다. 또한 그들 중 일부는 교회 세력을, 일부는 베네치아인을 두려워하고 있었으므로 그와 동맹관계를 유지할 수밖에 없었습니다. 게다가 그는 그들을 통해 나머지 강대국에 맞서 쉽고 효과적으로 지위를 확보할 가능성도 있었습니다.

하지만 루이 왕은 밀라노에 입성하는 즉시 교황 알렉산데르 6세의 로마냐 지방 정복을 지원함으로써 제가 앞서 제안했던 것과는 정반대의 정책을 추진했습니다. 게다가 그는 이러한 결정으로 인해 자신의 동맹국들과 자발적으로 자신의 품안으로 찾아들어온 세력들과의 관계를 놓침으로써 자신의 힘을 약화시켰으며, 막강한 권력의 근원인 교회의 영적인 권력에 너무 많은 속권(俗權)을 보태줌으로써 교회를 한층 더 강력하게 만들어준다는 것을 깨닫지 못했습니다.

최초의 실수를 저지른 이후 그는 그것을 만회하기 위해 다른 실수를 거듭해서 저질렀습니다. 급기야는 알렉산데르 6세의 야심을 저지하고 그가 토스카나 지방의 지도자가 되는 것을 막기 위해 자신이 이탈리아를 침공해야 하는 지경에 이르렀습니다.

교회의 세력을 더욱 강력하게 만들고 자신의 동맹국들을 잃었는데도, 그의 정복욕은 채워지지 않았습니다. 그는 나폴리 왕국에도 욕심을 냈기 때문에 그곳을 스페인 왕과 분할했습니다. 그 결과 이전에는 자신이 지배자로 군림하던 이탈리아에 협력자를 불러들임으로써, 그 지역의 야심가들과 그에게 불만을 품은 자들에게 도움이 될 수 있는 모종의 세력을 제공하였고 이것은 결국 귀찮은 상대를 끌어들인 셈이 되었습니다.

자신에게 충성하는 왕에게 나폴리 왕국을 통치하도록 남겨둘 수 있었음에도 그는 그를 제거하고 대신 그 자리에 자신을 쫓아낼 수 있는 자를 앉혀놓고 말았던 것입니다.

당신의 능력을 넘어서는 일은 시도하지 마라

영토를 확장하고자 하는 욕망은 사실 매우 자연스럽고 정상적인 욕구이며, 유능한 사람들이 이를 수행할 때 그들은 항상 찬양받거나 적어도 비난받지는 않습니다. 그러나 성취할 능력 없는 자들이 수단과 방법을 가리지 않고 이를 추구할 경우 그것은 비난받을 만한 실책이 됩니다.

따라서 프랑스 왕이 군대를 이끌고 나폴리 왕국을 공격할 수 있는 능력이 있었다면 그렇게 하는 것이 타당했습니다. 하지만 그럴 능력이 없었다면 나폴리 왕국을 분할하지 말았어야 합니다. 비록 그가 롬바르디아를 베네치아인들과 분할하여 이탈리아에 거점을 확보할 수 있었기 때문에 그것은 용서받을 수 있는 일이었다고 할지라도, 그 후에 행한 다른 분할은 불가피한 일이 아니었기 때문에 비난받아 마땅하며 용서할 수 없는 것입니다.

루이 왕이 범한 여섯 가지 실책

루이 왕은 다음과 같은 실수를 범한 셈입니다.

첫째, 약소국가들을 섬멸한 것.

둘째, 이탈리아에서 이미 강력한 군주의 힘을 강화시킨 것.

셋째, 그 지역에 강력한 외세를 끌어들인 것.

넷째, 그 자신이 직접 정주하지 않았던 것.

다섯째, 식민지를 건설하지 않은 것.

다섯 가지 실수를 범했어도 그가 여섯 번째의 실수, 즉 베네치아인들을 격파한 실수를 저지르지 않았더라면 그는 피해를 입지 않았을 것입니다. 만약 그가 교회를 더욱 강하게 만들지 않았다거나 이탈리아 땅에 스페인 왕을 끌어들이지 않았더라면 베네치아인들을 격파하는 것은 합리적인 일이었을 것입니다.

그러나 이미 두 가지 결과를 초래했기 때문에 그는 결코 베네치아의 몰락을 허용해서는 안 되었습니다. 베네치아인들은 세력이 강대했기 때문에 항상 다른 외부 세력이 롬바르디아에 개입하는 것을 방지할 수 있었습니다. 그래서 그들이 롬바르디아의 통치자가 되는 일이 아니라면 결코 외세의 침입을 허용하지 않았을 것입니다. 또한 외부 세력들도 단지 베네치아에 넘겨주기 위해 프랑스 왕으로부터 롬바르디아를 빼앗고자 했을 리가 없었으며, 양쪽 세력과 동시에 싸울 만한 힘도 없었습니다.

만일 누군가가 루이 왕이 전쟁을 피하기 위해 알렉산데르 6세에게, 로마냐 지역과 나폴리 왕국을 스페인에게 양보한 것이라고 주장한다면 저는 앞서 말한 주장으로 대응하겠습니다. 즉, 전쟁은 피할 수 있는 것이 아니라 단지 당신에게 불리한 방향으로 늦춰지는 것에 불과하기 때문에 전쟁을 피하기 위해 화근이 자라는 것을 결코 허용해서는 안 된다는 것입니다. 만일 다른 사람들이 루이 왕이 교황과 맺은 약속 때문에 어쩔 도리가 없이 루앙을 추기경으로 임명했다고 주장한다면 저는 나중에 '군주는 어떻게 약속을 지켜야 하는가'에 관해서 이야기할 때 반박하겠습니다.

루앙의 추기경과의 대화

　결국 루이 왕은 영토를 점령하고 유지하려는 자들이 따라야 할 정책들을 이행하지 않았기 때문에 롬바르디아를 잃어버렸습니다. 이러한 일은 그의 행동을 볼 때 당연히 예상된 일이었습니다.

　발렌티노 공작이 로마냐 지역을 점령하기 위해 전투를 하고 있을 때, 저는 낭트에서(1500년) 루앙의 추기경과 이 문제에 대해 논의한 적이 있습니다. 루앙의 추기경이 이탈리아 사람들은 전쟁을 모른다고 말했을 때, 저는 프랑스 사람들은 국가 통치술(Statecraft)을 모른다고 대답했습니다. 왜냐하면 그들이 그것을 알고 있었다면 교회가 그처럼 막강한 권력을 갖도록 용인하지 않았을 것이기 때문입니다. 또한 그동안의 정세를 볼 때, 이탈리아 땅에서 교회와 스페인 왕의 강대한 권력은 프랑스 왕에 의해서 초래되었으며 그들로 인해 프랑스 왕의 세력이 이탈리아 내에서 몰락하게 된 것이 명백하기 때문입니다.

강력한 도움을 준 자는 두려움의 대상이 된다

이와 같은 사실을 통해 어느 때나 유효한 일반 원칙을 도출해낼 수 있습니다. 즉, 상대방을 강하게 만드는 자는 스스로를 망치게 만든다는 점입니다. 어떤 이의 세력은 책략이나 무력을 통해 증대됩니다. 책략이나 무력으로 인해 반사이익을 얻어 강력한 세력을 차지하게 된 자는 역설적으로 책략이나 무력을 매우 두려워합니다.

제4장

군주국의 정부 형태: 알렉산더 대왕의 다리우스 왕국은 왜 대왕이 죽은 후에도 그의 후계자들에게 반란을 일으키지 않았는가

두 가지 유형의 국가

군주들은 새로 정복하게 된 영토를 유지할 때 극복하기 어려운 문제들을 경험합니다. 그런데 기원전 국가에서 영토를 어떻게 유지했는지 좋은 방법을 알려주는 아주 놀라운 예를 보게 됩니다.

알렉산더 대왕은 불과 몇 년 만에 아시아의 패자가 되었고(기원전 334~327년) 그 후에 곧 세상을 떠났습니다(기원전 323년). 이럴 경우에 제국 전체가 혼돈에 빠져 반란이 난무하는 상황에 이르렀을 것입니다. 하지만 알렉산더의 후계자들은 그들의 영토를 잘 관리했고, 그들에게는 단지 야심에 의해 발생한 문제만이 있을 뿐이었습니다.

위와 같은 예를 설명하기 위해서는 역사상 알려진 모든 공국들은 두 가지 방법 중 하나로 통치되어 왔다는 점을 상기할 필요가 있습니다. 하나는 군주가 자신의 뜻에 따라 임명한 각료들의 보좌를 받아 통치하는 방법이고, 다른 하나는 세습된 권력을 확보하고 있는 제후들과 함께 통치하는 방법입니다. 이때 제후들은 자신의 영토와 신민을 보유하고 있으며 그곳의 신민들은 그를 주군으로 인정하고 자연스럽게 충성을 바칩니다.

군주와 각료들에 의해 통치되는 국가에서는 군주 이외에는 주인으로 인정할 만한 인물이 영토 내에 없기 때문에 군주가 그 누구보다 더 많은 권위를 갖게 됩니다. 비록 신민들이 군주 외의 다른 사람들에게 복종한다고 해도 그것은 그들이 단지 군주의 각료이거나 관료이기 때문이지 개인적으로 그들에게 충성하는 것은 아닙니다.

투르크와 프랑스의 예

이러한 두 가지 통치 유형을 엿볼 수 있는 사례로는 투르크의 술탄과 프랑스 왕을 예로 들 수 있습니다.

투르크 왕국 전체는 한 명의 군주에 의해 지배되고 있습니다. 그 외의 사람들은 모두 그에게 봉사하는 신하에 불과할 뿐입니다. 그의 왕국은 산자크(Sanjaks)라는 행정 지역으로 나뉘어 있는데 그는 각 지역에 다양한 행정관들을 파견하고 그가 원하는 바에 따라서 그들을 교체하거나 이동시킵니다.

프랑스 왕은 수많은 세습 제후들로 둘러싸여 있습니다. 그 제후들은 각각의 고유한 세습적인 특권을 가지고 있으며 그 특권은 왕도 함부로 건드리지 못합니다.

이러한 두 가지 유형의 국가를 비교해보면 투르크와 같은 국가는 정복하기는 어렵지만 일단 정복하게 되면 유지하기가 쉽다는 특징이 있습니다. 반면에 프랑스와 같은 국가는 비교적 정복하기는 쉽지만 유지하기는 매우 어렵습니다.

투르크: 정복하기는 어려우나 유지하기는 쉽다

투르크 왕국을 정복하는 것이 어려운 이유는 정복하려는 자가 그 왕국을 통치하고 있는 자들로부터 원조 요청을 받을 가능성이 없어서입니다. 또한 통치자를 둘러싸고 있는 각료들이 반란을 일으켜 정복을 쉽게 도와 줄 가능성도 없습니다. 그곳의 귀족들은 모두 통치자에게 복종하여 그를 추종하고 있기 때문에 그들을 설득하는 건 어려운 일입니다. 설령 성공한다고 해도 이미 언급한 이유로 인해 귀족들이 새로운 정복자를 추종하지 않기 때문에 별다른 이득을 기대할 수가 없습니다.

따라서 투르크의 술탄을 공격하려는 자는 적의 세력이 완벽하게 단결하여 대항할 것이라는 점을 잊지 말아야 하며, 적의 세력이 분열하기를 기대하는 대신 오직 자신의 군사력만을 신뢰해야 합니다. 일단 전투에서 그들을 제압하여 재기하지 못할 정도의 결정적인 패배를 안겨준다면 그 군주의 가문 외에는 두려워할 장애물이 없습니다.

일단 군주의 가문을 제거해 버리면 그 누구도 신민을 동원할 수 있는 지위에 있지 않기 때문에 저항을 하려는 구심점은 소멸해 버립니다. 그리고 점령자가 승리 이전에 그들로부터 어떠한 도움도 기대할 수 없었던 것과 마찬가지로 승리한 후에는 그들을 전혀 두려워할 필요가 없습니다.

프랑스: 정복하기는 쉬우나 유지하기는 어렵다

프랑스처럼 지배되고 있는 왕국에서는 투르크와는 반대되는 현상이 나타납니다. 그곳에는 항상 불만을 품은 세력과 정권을 전복하고자 하는 무리들이 있습니다. 그래서 그들 중 일부 제후들과 결탁하여 쉽게 왕궁으로 진격할 수 있습니다.

하지만 전투 후에 당신이 획득한 것을 지키고자 할 때, 새로운 군주는 그를 도운 무리들과 침략으로 인해 고통을 당한 신민들로부터 많은 어려움을 겪게 될 것입니다. 도처에 새로운 반란을 일으킬 태세가 되어 있는 귀족들이 남아 있기 때문에 군주의 가문을 제거하는 것만으로는 충분하지가 않습니다. 기존의 세력들을 만족시킬 수도 파멸시킬 수도 없기 때문에 새로운 군주는 상황이 불리해지면 언젠가 그곳을 잃게 됩니다.

『로마사』에 나오는 비슷한 사례

다리우스 왕국의 정부 형태를 보면 투르크 왕국의 형태와 비슷하다는 점을 발견하게 됩니다. 그렇기 때문에 알렉산더는 정면 돌파를 통해 결정적인 승리를 거둘 수 있었습니다. 알렉산더는 승리를 거둔 후 다리우스 3세를 제거했기 때문에 확실하게 자신의 권력을 유지할 수 있었습니다.

알렉산더의 후계자들이 단결되어 있었다면 그 지역에 대한 권력을 순조롭게 유지할 수 있었을 것입니다. 왜냐하면 그 왕국에서는 그들 스스로가 일으킨 문제 외에는 아무런 분규도 일어나지 않았기 때문입니다. 하지만 프랑스처럼 조직되어 있는 국가를 이와 같이 순탄하게 통치하는 것은 사실상 불가능합니다.

바로 이 점이 스페인과 프랑스 그리고 그리스에서 로마에 대해 반란이 자주 일어났던 이유입니다. 이런 나라들에는 제후로 구성된 공국이 많았는데, 이들 공국에 대한 기억이 남아 있는 한, 로마인들은 이 영토들을 안정적으로 확보할 수 없었습니다. 그러나 로마인들에 의한 지배가 오래 지속되어 공국에 대한 기억이 잊혀지게 되었을 때, 이들 지역에 대한 로마인들의 지배는 공고해졌습니다.

하지만 훗날 로마인들이 몰락의 길에 빠졌을 때 파벌의 각 지도자들은 그동안 자신이 그곳에서 획득한 권위에 따라 그 지역을 지배할 수 있었습니다. 그리고 과거에 그 지역을 통치했던 지배자들의 혈통은 일찍이 사라졌기 때문에 이 지역들은 다양한 로마 지도자들의 권위에 충성하게 되었습니다.

그렇기 때문에 알렉산더 대왕이 아시아 지역을 비교적 수월하게 지배하고 유지했다는 사실, 피로스를 비롯한 기타 여러 정복자가 점령한 영토를 유지하기 위해 수많은 문제를 겪었다는 사실은, 정복자의 능력에 따른 것이 아

니라 정복된 지방의 특성 차이에 기인한 것이라고 말할
수 있습니다.

제5장

군주국의 통치 형태: 자신들의 법에 따라서 살아온 도시나 군주국을 다스리는 방법

세 가지 통치 방법

앞에서 언급한 것처럼 주민들이 스스로 만든 법제도 하에서 자유롭게 사는 것에 익숙해진 국가를 병합했을 경우, 그들을 다스리는 데에는 아래와 같은 세 가지 방법이 있습니다.

첫 번째 방법은 그들의 정치제도를 파괴하는 것이고, 두 번째 방법은 그 나라에 살면서 직접 통치하는 것이고, 세 번째는 자신들 고유의 법에 따라 예전처럼 살도록 허용하면서 공물을 바치게 하고 지속적으로 우호적인 관계를 유지하는 과두정부를 수립하는 것입니다.

과두정부는 새로운 군주에 의해 만들어졌기 때문에 군주의 호의와 권력 없이는 자신들의 권력이 존속할 수 있다는 것을 잘 알고 최선을 다해 그 체제를 유지하려고 노력할 것입니다. 만일 정복자가 자유로운 제도를 운용하는 데에 익숙해져 있는 도시를 다스리고자 한다면, 그곳의 신민들을 이용해 다스리는 것보다 더 쉽게 그 나라를 유지할 수 있는 방법은 없을 것입니다.

하지만 스파르타인들과 로마인들은 과두정부 수립에 시행착오를 겪었습니다. 스파르타인들은 아테네와 테베에 과두정부를 수립하여 통치했지만 결국에는 두 나라를 잃고 말았습니다. 로마인들은 카푸아, 카르타고, 누만티아를 다스리려다 그 나라들을 멸망시켰습니다.

로마인들은 그리스 지방에는 자치를 허용하고 그들 고유의 법에 따라 자유롭게 살 수 있도록 하여 스파르타인들이 했던 것과 거의 흡사한 방법으로 통치하려 했습니다. 하지만 이 정책은 성공하지 못했습니다. 그래서 로마인들은 그리스 지역을 유지하기 위해 많은 도시들을 파괴할 수밖에 없었습니다. 도시를 멸망시키는 방법 외에는 지배를 확고하게 유지하는 방법이 없습니다.

자유의 정신

자유로운 생활양식에 익숙해진 도시의 지배자 중에서 그 도시를 멸망시키지 않는 자는 누구나 그 도시에 의해 자기 자신이 파멸할 것을 각오해야 합니다. 왜냐하면 시간이 흐르고 새로운 통치자가 신민들에게 제공하는 특전이 있다 해도, 결코 잊히지 않는 자유의 정신과 오랫동안 전해져 내려온 제도를 명분으로 그들이 반란을 일으킬 수 있기 때문입니다.

지배자가 무엇을 하든지, 어떤 조치를 취하든지 간에 그가 내분을 빌미로 주민들을 분산시켜 놓지 않는 이상, 그들은 결코 잃어버린 자유와 고대의 제도를 잊어버리지 않을 것입니다. 그들은 백 년 동안 피렌체 통치하에 있었지만 기회만 주어진다면 즉시 이를 회복하고자 반란을 일으킬 것입니다.

그러나 군주의 지배에 익숙해진 도시나 나라의 신민은 지배자가 사라져도 그들이 가진 복종의 습성은 여전히 남아 있게 됩니다. 그러나 그들은 자신들 중 누구를 군주로 선택할 것인지에 대해서는 쉽사리 합의를 못합니다. 게다가 그들은 자유로운 삶을 영위하는 방법도 모르기 때문에 무기를 들고 새로운 지배자에게 대항하는 것을 머뭇거립니다. 따라서 새로운 군주는 쉽게 그들의 지지를 확보할 수 있고, 그들이 자신에게 해를 끼치지 않을 것이라고 확신할 수 있습니다.

하지만 공화국의 경우에는 다릅니다. 그곳의 신민은 새로운 지배자에 대한 강한 증오심이 생기며 복수에 대해 더욱더 강렬한 열망으로 끓어오르게 됩니다. 사람들은 잃어버린 자유에 대한 기억을 쉽게 잊지 못하며, 실로 잊을 수도 없습니다. 따라서 가장 확실한 방법은 그 나라를 완전히 파괴해 버리거나 직접 그곳에 살면서 다스리는 것입니다.

제6장

자신의 무력과 능력으로 만들어진
새로운 군주국

위대한 인물의 모방

완전히 새로운 군주국을 서술하면서 가장 훌륭한 군주와 정부를 새로운 군주국의 예로 든다 해도 모두 당연하다 여길 것입니다. 왜냐하면 사람이란 거의 항상 선인들의 행적을 따르며 그들의 업적을 모방하는 것을 인간 행동의 지도적 원리라고 생각하기 때문입니다.

그래서 선인들이 만들어 놓은 길을 그대로 답습하거나, 그 인물이 지녔던 능력에 미치는 일을 통해 항상 위대한 사람들의 행적을 따르려 노력하고, 모방을 통해 비록 그들의 능력에 필적하지는 못할지라도 적어도 그것에 근접하려고 합니다.

그런 사람은 아주 멀리 떨어져 있는 목표물을 겨냥할 때 자신의 활이 지닌 강도를 알고 있는 노련한 궁수처럼 처신해야 합니다. 이런 경우 궁수는 목표물보다 좀 더 높은 지점을 겨냥하는데 그것은 그 높은 지점을 화살로 맞히려는 것이 아닙니다. 단지 목표물을 맞히기 위해 그곳을 겨냥하는 것입니다.

새로운 군주가 완전히 새롭게 수립한 공국을 다스리며 경험하게 되는 어려움들은 그가 가진 능력에 의해 달라집니다. 그리고 평범한 신민이 군주가 되는 것은 그가 유능하거나 행운을 누린다는 것을 전제로 하기 때문에, 능력과 행운 중 하나는 어느 정도까지는 어려움을 경감시키는데에 상당한 도움이 됩니다.

하지만 그가 행운에 의존하지 않는다면 자신의 지위를 더욱 잘 유지할 것입니다. 또한 그가 다른 국가를 가지고 있기 때문에 직접 그 나라에 거주하며 다스려야 하는 경우라면 그의 능력은 더욱 도움이 될 것입니다.

모세, 키루스, 로물루스, 테세우스

타인의 호의가 아닌 자신의 능력 혹은 행운에 의해 군주가 된 인물들을 살펴볼 때 저는 모세, 키루스, 로물루스, 테세우스 등이 가장 뛰어나다고 생각합니다.

모세는 신이 명령한 것을 대신 집행한 자에 불과하기 때문에 논의할 필요도 없다고 생각하는 사람도 있습니다. 하지만 신과 대화할 만한 인물로 선택받았다는 것은 그 자체만으로도 찬양받을 만합니다.

그리고 키루스와 같이 왕국을 차지했거나 건국했던 이들을 살펴보면 그들 역시 모두가 존경받을 만한 탁월한 인물들임을 알게 됩니다. 그들의 행적이나 조치 역시 검토해보면 위대한 신을 섬기고 있던 모세의 경우와 별로 다를 바가 없습니다.

이들의 행적과 생애를 꼼꼼히 살펴보면 주어진 기회라는 재료를 이용해서 자신들이 원하는 형태로 만들어낸 것 외에는 행운으로 얻어낸 것은 없다는 것을 알 수 있습니다. 하지만 그들이 기회를 얻지 못했다면 그들의 정신력은 사라졌을 것이고, 그들에게 위기를 해결할 만한 능력이 없었다면 그러한 기회는 무산되었을 것입니다.

이런 의미에서 유대인은 모세의 출현을 위해 이집트인의 노예가 되어 탄압받아야 할 필요가 있었으며, 그 결과 유대인들은 노예 상태에서 벗어나기 위해 그를 따를 준비가 되어 있었습니다. 로물루스는 로마의 건국자이자 왕이 되기 위해서 알바에서 태어나자마자 버려졌습니다. 마찬가지로 키루스 왕 역시 자신의 능력을 발휘하기 위해서 메디아인들의 지배에 불만을 품고 있던 페르시아인들과 오랫동안 누려온 평화로 인해 나약해진 메디아인들을 필요로 했습니다. 테세우스의 경우엔 아테네인들이 뿔뿔이 흩어져 있지 않았다면 자신의 모든 능력을 보여줄 수 없었을 것입니다.

그러므로 이러한 기회들이야말로 위대한 인물들로 하여금 자신들의 업적을 성공적으로 달성하게 했고. 그들이 지닌 비범한 능력이 그들로 하여금 이러한 기회를 포착하여 활용하게 한 것입니다. 그 결과 그들의 나라는 영광을 누리며 크게 번영할 수 있었습니다. 이러한 인물들처럼 자신의 능력으로 군주가 된 인물들은 권력을 얻기까지 시련을 겪지만 일단 권력을 쥐면 별다른 어려움 없이 쉽게 권력을 유지하게 됩니다.

개혁자라면 반드시 겪는 어려움

나라를 얻는 과정에서 경험하는 어려움은 부분적으로 그들이 자신의 권력을 다지기 위해 새로운 제도와 법률을 도입하는 데에서 시작됩니다. 하지만 새로운 형태의 정부 수립을 주도하는 행위가 매우 어렵고 위험하며, 성공하기 힘들다는 점을 깨달아야 할 필요가 있습니다.

옛 질서로부터 이익을 취하던 모든 사람이 혁신적 인물에게 반대하는 반면, 새 질서로부터 이익을 취하게 될 사람들은 기껏해야 반대하지만 않는 미온적인 지지자로 남아 있을 것이기 때문입니다. 그들이 이처럼 미온적인 지지만 받는 이유는, 잠재적 수혜자들이 인간의 회의적인 속성상 자신들의 눈으로 확고한 결과를 직접 보기 전에는 새로운 제도를 만든 적들을 두려워하고, 다른 한편으로는 믿지 않기 때문입니다.

적의를 품고 있는 자들은 기회만 생기면 적극적으로 혁신자에게 공격을 가하는 데 비해 지지자들은 미온적으로 대처함으로써 혁신자와 그를 지지하는 자들은 위험에 빠지게 됩니다.

따라서 이 문제를 보다 철저하게 검토하려면 이러한 개혁가들이 자신의 힘을 바탕으로 행동하는지 아니면 다른 세력에 의존하는지를 살펴봐야 할 필요가 있습니다. 다시 말해, 성공하기 위해서 타인을 설득할 필요가 있는지 아니면 자신들만의 힘으로 밀어붙일 수 있는지를 살펴봐야 합니다.

다른 세력에 의존해야 하는 경우, 그들은 거의 항상 성공하지 못하며 아무것도 성취하지 못합니다. 그러나 타인에게 의지하지 않고 변혁을 주도할 만한 충분한 힘을 발휘할 수 있다면 그들은 드문 경우를 제외하고는 어려움에 빠지는 경우가 거의 없습니다.

이러한 것으로 미루어볼 때, 무력을 갖춘 예언자는 모

두 성공한 반면, 말뿐인 예언자는 실패했습니다. 이러한 결과는 이미 언급한 이유 외에도 민중이 변덕스럽기 때문에 일어납니다. 그들을 설득하기는 쉽지만 설득된 상태를 유지하는 것은 어렵습니다. 그러므로 새로운 계획들을 집행하는 데 있어 신민들이 더 이상 믿음을 갖지 않을 경우에는 그들로 하여금 믿게끔 강압할 수 있어야 합니다.

만일 모세, 키루스, 테세우스 그리고 로물루스에게 무력이 없었다면 각자 자신들이 설립한 새로운 질서에 대한 복종을 오랫동안 확보하지 못했을 것입니다. 이러한 경우는 우리 시대의 지롤라모 사보나롤라 수도사가 그가 만든 새로운 질서를 신민들이 더 이상 믿지 않게 되자 몰락해버린 사실에서 찾아볼 수 있습니다. 그에게는 자신을 믿었던 사람들을 지속적으로 관리할 방법도, 그들의 지지를 유지할 수 있는 방법도 없었던 것입니다.

이러한 개혁자들은 지금까지 많은 어려움을 겪어야 했습니다. 그들이 자신의 계획을 시작한 후 모든 위험들이 닥쳐오며 자신의 능력을 통해 그것들을 극복해내야 합니다. 그러나 일단 그들이 성공하여 크게 존경받기 시작하면, 그들은 강력하고 안정적인 상태에서 존경받는 성공적인 지도자로 남게 되는 것입니다.

시라쿠사의 히에론

이미 논의한 유명한 사례들보다는 덜 중요하지만 본보기가 될 만한 한 가지 사례를 더 살펴보겠습니다.

그것은 바로 시라쿠사의 히에론 2세의 경우입니다. 그는 일개 신민에서 시라쿠사의 군주가 되었습니다. 그는 주어진 기회를 아주 잘 활용했는데, 그 기회를 제외한다면 행운으로 얻은 것은 없었습니다.

시라쿠사인들은 절망적인 위기 상황에 몰렸을 때(기원전 270년에 감파니아의 용병 마메르티니가 공격했을 때) 그를 장군으로 선출했습니다. 그는 자신의 직무를 성공적으로 수행하여 군주가 되었습니다. 시라쿠사는 자신의 사적인 생활에서도 능력을 최대한 발휘했으며, 그에 관해서는 '그에게 부족한 것이 있다면 다만, 다스릴 왕국이 없다는 점이다.'라는 기록이 전해 내려올 정도입니다.

　그는 오래된 신민군을 해체하고 새로운 군대를 조직했으며 예전의 동맹을 파기하고 새로운 동맹을 체결했습니다. 그는 자신의 군대와 믿을 만한 동맹을 체결하자마자 그것을 기반으로 원하는 국가를 세울 수 있었습니다. 따라서 그에게 있어서 어려운 일은 권력을 얻는 것이었지, 유지하는 것이 아니었습니다.

제7장

타인의 무력과
호의로 만들어진 새로운 군주국

경험이 없는 지배자가 겪는 어려움

일개 평민이었지만 운이 좋아 군주의 자리에 쉽게 오른 자는 그 자리를 유지하기 위해 많은 어려움을 경험합니다. 즉, 군주의 자리에 오르기까지 아무런 문제도 없지만, 그 후부터 모든 시련이 그의 앞에 몰려오게 됩니다.

보통 이런 상황은 돈으로 영토를 사거나 특별한 호의로 영토를 증여받아 국가를 얻게 되는 경우 발생합니다. 그리스의 이오니아와 헬레스폰투스의 도시 국가들에서 이런 일들이 있었는데, 다리우스 1세가 자신의 안보를 확실히 하고 영광을 높이기 위해 자신의 영토 내에서 군주들을 임명했습니다. 다른 사례로는 일개 신민이 군대를 뇌물로 매수하여 황제의 지위에 오른 경우도 있습니다.

이러한 군주들은 오직 불확실하고 불안정한 두 가지 요소에 의해서만 자신을 지킬 수 있습니다. 그것은 바로 그들에게 그 국가를 허용해준 사람의 호의와 운명입니다. 그들은 자신의 지위를 유지하기 위해서 필요한 지식과 능력을 갖지 못하는 경우가 많습니다.

공직 생활에 대한 직접적인 능력을 결여한 사람이 통치하는 방법을 안다는 것은 뛰어난 지능과 능력을 지니고 있지 않는 한 기대하기 어렵습니다. 또한 이들은 대체로 다른 통솔 능력도 없는데, 왜냐하면 우호적이며 충성스러운 세력이 없기 때문입니다.

무엇보다 갑작스럽게 형성된 국가는 튼튼한 뿌리를 내리지 못하고 급속하게 성장한 식물과 같아서 시련이 닥치게 되면 바로 무너지게 됩니다. 이러한 사태는 갑자기 군주가 된 사람이 어떤 준비를 신속히 해야 하는지, 주어진 행동을 어떻게 유지해야 하는지, 다른 사람이 군주가 되기 전에 마련해 두었던 기반과 관계를 나중에라도 어떻게 만들어내야 하는지를 모르고 있기 때문에 일어납니다.

저는 최근의 일어난 두 가지 사례를 통해 능력에 의해서나 행운에 의해서 군주가 되는 경우를 보여주고자 합니다. 바로 프란체스코 스포르차와 체사레 보르자의 일화입니다.

신생 군주로서의 체사레 보르자

프란체스코는 자신에게는 적절한 수단인 속임수, 배신을 통해 자신의 대단한 능력을 이용하여 일개 신민의 신분에서 밀라노의 공작이 되었습니다. 그는 수많은 어려움을 겪은 끝에 그 지위를 획득하였으며 별다른 어려움 없이 유지했습니다.

반면에 프란체스코와는 달리 체사레 보르자(발렌티노 공작)는 부친의 호의와 조력으로 그 지위를 얻었으나 그것이 끝나자 그 지위를 잃고 말았습니다. 그는 타인으로부터 제공받은 영토에 자신의 뿌리를 내리기 위해 가능한 한 모든 수단을 동원하고 유능한 사람이 당연히 해야 할 모든 조치를 취했지만 결과는 좋지 못했습니다.

이렇게 된 이유는 처음에 자신의 기반이 없던 자는 그가 위대한 능력을 가지고 있으면 자신의 능력을 바탕으로 나중에라도 기반을 구축할 수 있지만 그 작업은 무척 어려운 일이고 그렇게 구축된 구조물 역시 매우 불안하기 때문입니다.

발렌티노 공작의 전체적인 행적을 살펴보면 그가 미래의 권력을 위해 강력한 기반을 구축하는 데는 성공했음을 알 수 있습니다. 그래서 그의 각 단계들을 거론하는 것은 가치 있는 작업이며, 그의 행적들은 신생 군주에게 제공할 만한 모범적인 지침으로 거론할 만한 훌륭한 예로 보입니다.

비록 그의 노력이 결국에는 물거품이 되고 말았지만, 그것은 그의 실수 때문이 아니라 예외적이며 악의적인 운명의 일격에 의한 것이었기에 그를 나무라서는 안 될 것입니다.

알렉산데르 6세와 루이 왕의 원조

알렉산데르 6세는 자신의 아들인 발렌티노 공작의 세력을 키우는 과정에서 당시에는 물론 이후에도 많은 어려움을 겪어야 했습니다.

그는 교회령의 일부나 아니면 다른 어느 곳에서도 아들을 군주로 만들 수 있는 방안을 찾을 수가 없었습니다. 만약 교회령의 일부를 아들에게 주고자 하면, 파엔차와 리미니가 이미 베네치아인들의 보호하에 있었기 때문에 밀라노 공작 대공(루도비코 모로)과 베네치아인들이 이에 대해 항의할 것이 분명했습니다.

이 문제 외에도 알렉산데르는 이탈리아의 군사력, 그 중에서도 그가 가장 쉽게 활용하려 했던 병력이 없었습니다. 교황의 힘이 커지는 것을 가장 두려워하는 세력들이 장악하고 있었기 때문입니다. 모든 군사력을 오르시니 가와 콜론나 가 및 그들의 추종자들이 장악하고 있었기 때문에 그들의 군사력을 안심하고 사용할 수도 없었습니다.

따라서 기존 국가들의 영토 중 일부분이라도 차지하

기 위해서는 이탈리아에 혼란의 씨를 뿌려 이탈리아의 국가들을 불안정하게 만들 필요가 있었습니다. 그의 계획은 베네치아인들이 이탈리아에 프랑스 세력을 다시 끌어들이려고 하는 것을 알게 되었기 때문에 실행에 옮길 수 있었습니다.

교황은 이 정책에 반대하지 않았음은 물론 더 나아가 루이 왕의 첫 번째 결혼을 취소시켜 줌으로써 그 계획을 더욱 쉽게 진행되도록 해주었습니다. 그래서 프랑스왕은 베네치아인들의 지원과 교황 알렉산데르의 동의하에 이탈리아에 침입했습니다. 루이 왕이 밀라노에 진입하자마자 교황은 로마냐에서의 전투를 수행하기 위해 프랑스 군대를 인계받았으며, 루이 왕은 자신의 명성을 위해 그것을 허락했습니다.

체사레 보르자의 군사력

발렌티노 공작은 로마냐 지역을 차지하고 콜론나 파를

패배시켰습니다. 이후 점령지를 확보하면서 영토를 확장하려 했으나 두 가지 장애물이 그의 야심을 방해하였습니다. 그중 하나는 자기 군대의 충성심에 대해서 의문을 품은 것이고, 다른 하나는 프랑스 왕의 의중을 알 수 없다는 것이었습니다.

충성심을 의심한 이유는 그가 지휘하고 있던 오르시니파의 군대가 공격 시에 그의 명령을 제대로 수행하지 않았기 때문입니다. 이는 훗날 그들이 그의 영토 확장을 방해할 우려로 번졌습니다. 또 프랑스 왕의 의중에의 고심은 그가 이미 손에 넣은 영토마저 빼앗아 가지 않을까 하는 염려로 커져갔습니다.

공작은 파엔차를 점령한 후 볼로냐로 진격했을 때 그들이 소극적으로 전투에 임하는 것을 보고서 오르시니 파 군대의 충성심에 대한 의심을 굳혔습니다. 그리고 그가 우르비노 공국을 점령하고 토스카나로 진격했을 때 전투를 포기하도록 프랑스 왕이 그를 종용한 것을 보면서 프랑스 왕의 의중을 간파할 수 있었습니다. 그 결과 공작은 더 이상 타인의 군대와 호의에 의존하지 않기로 결심했습니다.

충성하지 않는 장군을 제거

우선적으로 그는 오르시니 파와 콜론나 파를 추종하는 세력들을 약화시켰습니다. 두 파에 속하는 추종자들에게 재물을 베풀며 그들의 지위에 따라 군대의 지휘권과 관직을 내려 자신의 추종자로 만들었습니다. 그 결과 불과 수 개월 만에 그들은 대대로 내려오던 파벌에 대한 충성심을 버리고 전적으로 공작에게 충성을 바치게 되었습니다.

그다음에 발렌티노 공작은 콜론나 파의 지도자들을 분산시켜 놓고 오르시니 파의 지도자들을 제거할 기회를 엿보았습니다. 그리고 마침내 좋은 기회가 찾아왔고, 그는 이를 적절히 활용했습니다.

세니갈리아의 학살

오르시니 파의 지도자들은 공작과 교회의 세력이 강대해진다는 것이 무엇을 의미하는지 뒤늦게 깨달았습니다.

그것은 결국 자신들의 파멸을 뜻한다는 것을 말입니다. 그래서 그들은 페루자 지방의 마조네에서 회합을 가졌습니다. 회합 이후 우르비노 지역에서의 반란과 로마냐 지방에서의 폭동 등 위험한 상황이 자주 들이닥쳤지만 공작은 프랑스의 도움을 받아 극복할 수 있었습니다.

이러한 과정을 거쳐 그는 자신의 명성을 되찾았지만 프랑스 왕과 모든 외부 세력을 신뢰하지 않게 되었습니다. 그래서 그들에게 의존하는 위험을 피하기 위해 속임수를 쓰기 시작했습니다. 그는 자신의 진심을 매우 교묘하게 숨기고 파올로 영주를 통해 오르시니 파의 지도자들과 화해했습니다.

공작은 파올로를 안심시키려고 매우 정중하게 대접했으며 돈과 의복 그리고 말을 주는 등 갖은 노력을 다했습니다. 그 결과, 단순한 오르시니 파는 순진하게도 그를 믿고 세니갈리아로 진입하여 공작의 수중에 들어갔습니다.

공작은 파벌의 지도자들을 제거하고 그들의 추종자들을 자기편으로 포섭함으로써 매우 견고한 권력 기반을 다지게 되었습니다. 그는 우르비노 공국과 함께 로마냐 전

지역을 장악했고, 특히 추종자들은 그의 통치로 인해 번영을 누리게 된 로마냐 신민들의 민심이 그를 따르고 지지하게 되었다는 확신을 갖게 되었습니다.

민심을 얻기 위한 체사레의 냉혹함

공작이 이 지역에서 시행한 정책은 매우 뛰어납니다. 이는 다른 사람들이 모방할 만한 가치가 있기 때문에 저는 그에 대하여 조금 더 이야기하고자 합니다.

공작은 난폭한 영주들이 지금까지 로마냐 지역을 지배하고 있었음을 알게 되었습니다. 그들은 신민들을 올바르게 지도하기보다 약탈의 대상으로 삼았으며, 그들 스스로가 질서보다는 무질서를 지향하고 있었습니다. 그 결과 로마냐에서는 도둑이 끊이지 않았고 갖가지 분쟁과 분규가 빗발쳤습니다. 그는 그곳을 평화롭게 다스리고 통치자의 법률에 복종하도록 만들기 위해 효과적인 방법으로 통치를 할 필요가 있다고 판단했습니다.

그래서 그는 레미로 데 오르코라는 때로는 신민들에게 가혹하지만 통치에는 유능한 인물에게 그 지역을 맡기고 모든 권한을 위임했습니다. 레미로는 짧은 시간 내에 그 지역의 질서와 평화를 회복했으며 이러한 과정을 통해 매우 좋은 평판도 얻었습니다. 그러자 공작은 레미로에게 이제 더 이상 과도한 권한이 주어질 필요가 없다는 것을 깨달았습니다. 그리고 그의 권한 때문에 훗날 자신이 성가시게 될 수 있다고 생각하게 되었습니다.

공작은 그 지역의 저명한 재판장이 관장하는 신민재판소를 설치하고, 각 도시별로 법률가를 파견하도록 했습니다. 공작은 그동안 레미로가 해온 가혹한 조치들로 인해 신민들 사이에 원한이 생겼다는 것을 잘 알고 있었기 때문에 신민들의 마음을 위로하고 자신을 전적으로 지지하게 만들고자 했던 것입니다. 즉 그동안 있었던 가혹한 조치들은 자신이 지시한 것이 아니라 행정관의 잔혹한 성격에서 비롯된 것이라는 점을 보여주고자 했던 것입니다.

그리고 적절한 기회를 포착한 공작은 어느 날 아침, 체세나 광장에 두 토막이 난 레미로의 시체를, 형을 집행한 단두대와 피 묻은 칼과 함께 전시했습니다. 그 참혹한 모습을 본 신민들은 만족감을 느끼면서도 경악을 금치 못했습니다.

미래에 대비한 체사레의 외교정책

공작은 자신의 군대를 거느리게 되었고, 자신의 권위에 대항하는 위험으로부터 어느 정도는 안전해졌습니다. 또한 자신이 영토를 확장하려고 할 때, 해가 될 수 있는 주변 세력들을 대부분 격파했기 때문에 이제는 프랑스에 관심을 집중했습니다. 뒤늦게 실책을 깨달은 프랑스 왕이 자신의 영토 확장계획을 용납하지 않을 것임을 간파했기 때문입니다.

공작은 새로운 동맹을 찾는 한편, 프랑스 왕이 가에타를 공격하고 있던 스페인 군대와 싸우기 위해 나폴리 왕국으로 진격했을 때 책략을 쓰기 시작했습니다. 그의 목적은 그 세력들을 이용해 자신의 안전을 확보하려는 것이었습니다. 만일 교황 알렉산데르가 죽지 않았더라면 그의 계획은 쉽사리 성공했을 것입니다.

이러한 정책들은 그가 당면한 상황을 타개하기 위한 조치였습니다. 그러나 미래에 생길 일들에 있어서는 언제나 두려움이 있었습니다. 무엇보다 교회의 주도권을 장악할 새 교황이 자신에게 적대적이어서, 교황 알렉산데르 6세가 자신에게 주었던 모든 것들을 빼앗기지나 않을까 하는 의심이 들었습니다. 따라서 그는 그런 가능성으로부터 자신을 보호하기 위해 네 가지 조치를 취했습니다.

첫째, 자신이 빼앗은 영토의 이전 통치자들의 혈통을 단절시켜 새 교황이 그들에게 권력을 되돌려주는 것을 미연에 방지했습니다.

둘째, 이전에 썼던 방법을 사용하여 로마 내의 모든 귀족을 자기편으로 끌어들인 다음 그들을 활용하여 새 교황을 견제하도록 했습니다.

셋째, 추기경 회의단이 자신에게 호감을 가지도록 유도했습니다.

넷째, 교황이 죽기 전에 최대한 권력을 크게 확장하여

외부의 도움 없이도 적의 공격을 물리칠 수 있도록 대비했습니다.

교황 알렉산데르 6세가 죽었을 때 그는 이 네 가지 중에서 세 가지는 성취한 상태였으며 네 번째 대책도 거의 달성되어 있었습니다. 그는 자신에게 영토를 빼앗긴 통치자들의 가족을 수없이 살해하여 극히 소수만이 생명을 지킬 수 있었고, 로마 귀족들의 환심을 얻어냈으며, 대부분의 추기경을 자기편으로 끌어들였습니다.

새로운 영토를 확장하는 데 있어 그는 토스카나 지방의 패자가 될 계획을 수립했고, 이미 페루자와 피옴비노를 장악했으며 피사는 그의 보호하에 있었습니다. 게다가 그는 프랑스의 세력에 대해서 더 이상 신경 쓰지 않아도 되었기 때문에 즉시 피사를 공격했습니다.

네 번째 계획까지 달성되었다면 피렌체에 대한 시기심이 섞인 증오와 두려움으로 루카와 시에나가 즉각 항복했을 것이고, 피렌체는 그것을 막을 아무런 대책도 없었을 것입니다. 모든 계획이 성공적으로 이루어졌다면 그는 막대한 군사력과 막강한 명성을 얻으며 견고한 권력을 구축하여 더 이상 타인의 호의나 군대에 의존하지 않고, 자신의 힘과 재능만으로 자립할 수 있었을 것입니다.

많은 것을 예상했지만 모든 것을 예견하지는 못했다

교황 알렉산데르 6세는 공작이 칼을 뽑은 지 5년 만에 세상을 떠나고 말았습니다. 그때 그는 단지 로마냐 지역만을 확실하게 장악하고 있었을 뿐이었습니다. 그래서 나머지 영토는 막강한 군사력을 지니고 있는 두 적대 세력 사이에서 허공에 뜨고 말았습니다.

그러나 공작은 불굴의 정신과 탁월한 능력을 갖추고 있었습니다. 그는 사람들을 자기편으로 끌어들이고 그렇지 않으면 공격하여 격파하는 등 사람 다루는 능력이 뛰어났습니다. 또한 단기간 내에 기반을 확고히 다졌던 사람이었기 때문에 막강한 국가들과 맞서지 않았거나 건강이 양호했었다면 그와 같은 곤경은 다 극복할 수 있었을 것입니다.

로마냐의 신민들이 한 달 이상이나 그가 오기를 기다렸다는 사실에서 그의 권력이 얼마나 토대가 견고했는지가 입증됩니다. 로마에서 그는 거의 죽어가는 상태였지만 아무런 공격도 받지 않았습니다. 또한 발리오니와 비텔리 그리고 오르시니 파의 지도자들이 로마를 찾아왔지만 그에 대한 어떤 반란도 일어나지 않았습니다.

　　더욱이 공작은 비록 자신이 원하는 추기경을 교황으로 만들 수는 없었지만 적어도 자신이 원치 않는 사람이 교황이 되지 못하도록 영향력을 행사할 수는 있었습니다. 교황 알렉산데르 6세가 죽었을 때 그가 건강하기만 했어도 모든 일은 잘 풀렸을 것입니다.

　　율리우스 2세가 교황으로 선출되던 날 공작은 나에게 다음과 같이 회상했습니다.

　　"아버지는 자신이 죽고 없을 때 일어날 법한 모든 일을 생각해 두었고 그에 대한 대처 방안도 마련해 두었습니다. 그러나 단 한 가지, 죽음이 다가올 때를 대비하지 못했습니다. 아버지는 자신에게도 죽음이 임박할 줄은 결코 상상하지 못했습니다."

신생 군주의 모델로서의 공작

공작의 모든 활동을 돌이켜본 지금, 저는 그를 비판할 생각이 없습니다. 오히려 그는 호의나 행운 또는 타인의 무력에 의해 권력을 차지한 모든 사람이 귀감으로 삼을 만한 가치가 있는 사람이라고 생각합니다. 왜냐하면 그가 큰 뜻과 야망을 품고 있었다는 점을 고려해볼 때 그의 행적과 다르게 행동할 수는 없었을 것이기 때문입니다. 그의 모든 계획은 오로지 교황 알렉산데르 6세의 단명과 자신의 병에 의해 좌절되었습니다.

따라서 신생 군주국을 차지하게 되었을 경우, 적들로부터 자신을 안전하게 지켜야 할 필요가 있다고 생각한다면 군주는 다른 누구보다도 공작의 행적에서 모범 답안을 찾아야 할 것입니다.

즉 우호세력을 만들고, 무력이나 속임수로 정복하고, 신민들로부터 사랑을 받으면서 동시에 두려움을 갖도록 해야 하며, 군대로부터 복종과 두려움을 확보해야 합니다. 또한 해를 끼칠 가능성이 있는 자는 모두 제거하고,

오래된 제도는 새로운 제도로 개혁하고, 엄격한 동시에 관대해야 하며, 대범해야 하며, 충성을 바치지 않는 군인들은 곧바로 제거하여 새로운 인물들을 발탁하고, 주변의 왕들과 동맹관계를 유지하여 그들이 흔쾌히 도움을 줄 수 있도록 하고, 함부로 공격할 수 없도록 만드는 재주를 공작에게서 배워야 할 것입니다.

체사레의 교훈:
당신이 해를 입힌 적이 있는 자를 신뢰하지 마라

공작을 비판할 수 있는 지점이 있다면 율리우스를 교황으로 선출되도록 둔 것인데, 이것은 정말로 잘못된 선택이었습니다.

그는 자신이 선호하는 인물을 교황으로 옹립할 수는 없었다고 해도 자신이 반대하는 인물이 선출되는 것을 막을 수는 있었습니다. 그는 자신으로 인해 피해를 입었던 적이 있던 자이거나, 교황이 되었을 때 자신을 두려워할 만한 자가 추기경이 선출되는 것에는 절대 동의하지 말았어야 했습니다. 왜냐하면 인간은 두려움이나 증오로 인해 타인에게 해를 가하기 때문입니다.

추기경 중에서 공작이 과거에 해를 입힌 적이 있는 인물은 산 피에로애드 빈쿨라(율리우스2세), 콜론나, 산 조르지오 그리고 아스카니오(프란체스코 스포르차의 손자)였습니다. 루앙의 추기경과 스페인 출신의 추기경을 제외한 그 밖의 추기경은 모두 교황이 되면 그를 두려워했을 인물들입니다. 스페인의 추기경은 은혜를 입은 적이 있어 공작과 긴밀한 관계를 맺고 있었으며, 루앙의 추기경은 프랑스 왕국의 지지를 등에 업고 있어 세력이 강대했습니다.

따라서 공작에게 있어서 가장 중요한 일은 스페인 출신의 추기경을 교황으로 만드는 것이었습니다. 그렇게 하는 것이 여의치 않으면 산 피에로애드 빈쿨라가 아닌 루앙의 추기경이 선출되도록 해야 했습니다.

'높은 지위에 오르도록 새로운 은혜를 베풀면 과거에 입혔던 피해를 잊게 할 수 있다'라고 믿는 것은 자기기만에 빠지는 일입니다. 공작은 교황 선출에 치명적인 실수

를 범했고 궁극적으로 그로 인해 파멸을 자초하게 되었습
니다.

제8장
사악한 방법으로 군주가 된 인물들

일개 신민에서 군주가 되는 두 가지 방법

일개 신민에서 군주가 되는 방법에는 두 가지가 더 있습니다. 그런데 이것들은 오로지 행운이나 능력에 의한 것이라고만은 볼 수 없기 때문에 이에 대해 논의하고자 합니다. 그 중 한 가지는 공화국에 대하여 논의할 때보다 더욱 자세하게 논의할 수 있을 것입니다.

두 가지 방법이란 첫째는 일개 신민이 전적으로 부정하고 사악한 방법을 사용하여 군주의 자리에 오르는 것이고, 둘째는 자기 주변 신민들의 호의에 의해 통치자가 되는 것입니다.

첫 번째 방법을 논의함에 있어서 저는 시대가 다른 두 인물로 예를 들고자 합니다. 이런 식으로 권력을 잡을 때 생기는 장점에 대해서는 직접 언급하지 않겠습니다. 왜냐하면 이러한 방식을 모방하려는 사람에게는 앞으로 이야기할 두 명의 사례만으로도 그 의의가 충분하기 때문입니다.

아가토클레스의 성공

시라쿠사의 왕이 되었던 시칠리아의 아가토클레스는 평민 중에서도 미천하고 지리멸렬한 가문 출신이었습니다. 그는 도공(陶工)의 아들이었고, 방탕한 삶을 살았습니다. 하지만 정신력과 신체가 강인했던 그는 군대에 들어가 시라쿠사 군대의 사령관이 되었습니다.

이후 그는 무력으로 권력을 강탈하여 군주가 되겠다고 마음먹었습니다. 그는 이러한 목적을 달성하기 위해 당시 자신의 군대를 이끌고 시칠리아에서 전투 중이던 카르타고인 하밀카르와 음모를 꾸몄습니다.

어느 날 아침, 그는 국가적인 중대사를 논의할 필요가 있는 것처럼 가장하여 시라쿠사의 원로들과 재력가들을 소집했습니다. 그리고 미리 약속된 신호에 맞춰 그의 군인들이 그들을 모두 제거했습니다. 그러고서 그는 도시를 장악하여 통치권을 확보했습니다.

그는 카르타고 군에게 두 번씩이나 패배해 도망치다 포위 공격을 받는 처지에 이르렀지만 도시를 지키는 능력을 보여주었습니다. 그뿐만 아니라 포위 공격을 감당할 일부 병력만을 성에 남겨둔 채 나머지 병력을 이끌고 아프리카 본토를 공격했습니다. 그리하여 단숨에 카르타고인들의 포위를 해제하고 그들을 곤경에 빠트렸습니다. 그렇게 되자 카르타고인들은 그에게 평화의 손길을 내밀 수밖에 없었으며, 그 결과 그들은 아가토클레스에게 시칠리아를 넘겨주고 아프리카로 철수했습니다.

사악함으로는 진정한 영광을 얻을 수 없다

아가토클레스의 행적과 생애를 검토해보면, 그 성공 기반에 운명은 어떤 역할도 하지 못했음을 알 수 있습니다. 그는 수많은 곤경과 위험을 스스로 헤쳐 나아가며 타인의 도움 없이 높은 지위에 올랐으며, 용맹하고 저돌적인 행동으로 공국을 차지하고 다스렸습니다.

그러나 그가 자비와 신앙심도 없는 행동으로 신민들을 제거하고, 신의 없는 처신으로 동료들을 배반한 것을 덕이라고는 부를 수 없을 것입니다. 이러한 행동을 통해 권력을 차지할 수는 있겠지만 영광을 얻을 수는 없습니다.

하지만 아가토클레스가 위험을 헤쳐 나오는 능력과 적들과 맞서 싸우고 승리를 쟁취해내는 용맹스런 정신만을 놓고 본다면, 그는 세상의 그 어떤 유능한 장군과 견주어도 손색이 없습니다.

하지만 그의 길에 놓인 사악한 행동들과 잔인하고 비인간적인 면모로 인해 그는 훌륭한 인물로 평가될 수 없습니다. 그러므로 그가 운이나 능력(덕) 중 어느 하나에도 의존하지 않고 성취한 것을, 그의 그릇된 됨됨이로 성취했다고 말할 수는 없습니다.

올리베로토의 배신

알렉산데르 6세가 교황이었을 때, 페르모의 올리베로토는 일찍이 부친을 여의고 외삼촌 조반니 폴리아니의 품에서 성장하였습니다. 청년이 된 그는 병법을 익혀 출세할 목적으로 파올로 비텔리에게 보내져 훈련을 받았습니다.

그러나 파올로가 처형되자 그의 동생인 비텔로초 휘하로 들어가게 되었습니다. 그는 영리하고 심신의 능력이 뛰어났기 때문에 이내 비텔로초가 통솔하는 군대의 지휘관이 되었습니다.

하지만 그는 다른 사람의 휘하에 있는 것을 굴욕이라 여겼습니다. 그래서 그는 비텔로초의 지원과 자신의 나라가 자유를 누리는 것보다 노예로 있기를 원하는 일부 어리석은 페르모 신민들의 도움을 받아 페르모의 권력을 장악하겠다고 마음먹었습니다.

그는 오랫만에 고향에 돌아가서 외삼촌을 만나고 자신의 유산도 확인해보고 싶다는 편지를 썼습니다. 거기다 그는 그동안 고향 발전을 위해 노력해온 이유는 오직 명예를 얻기 위해서였으므로 고향의 신민들에게 자신이 허송세월한 것이 아니었음을 보여주고 싶다고도 적었습니다. 그리고 그에 어울리는 명예로운 방식으로 자신의 친구들과 부하들 중에서 선발한 기병 100명의 호위 속에 귀환하고 싶다는 뜻을 전했습니다. 그는 조반니에게 페르모의 신민들이 자기를 적절한 예우로 영접하도록 주선해줄 것을 간청했습니다. 행사는 자신뿐만 아니라 그가 성장하는 데 도움을 준 조반니에게도 영광스러운 일이 될 것이라는 말도 덧붙이면서 말입니다.

조반니는 정성을 다해 최고의 예우로 조카를 맞이했습니다. 조반니의 주선으로 모인 페르모 신민들도 올리베로토를 정중하게 맞이했습니다. 이후 그는 조반니의 저택에 머무르며 그동안 계획한 범죄를 저지르기 위해 비밀리에 준비했습니다.

그는 조반니 폴리오니와 페르모의 모든 지도자급 신민을 초대하여 공식 연회를 열었습니다. 만찬을 다 마치고 난 후, 올리베로토는 계획에 따라 교황 알렉산데르 6세와 그의 아들 체사레의 막강한 권력과 그들의 업적들을 거론하면서 이는 심각한 문제였다고 했습니다. 조반니와 그 외의 몇몇 사람들이 그의 말에 이의를 제기하자 그는 별안간 자리에서 일어나 이런 문제들은 좀 더 은밀한 장소에서 논의할 필요가 있다고 제안했습니다. 그러고서 그는 다른 별실로 들어갔습니다. 조반니를 비롯한 다른 사람들이 그의 뒤를 따랐습니다. 별실에 들어간 그들이 자리에 앉자마자 숨어 있던 올리베로토의 병사들이 튀어나와 조반니를 비롯한 모든 사람을 살해했습니다.

잔혹한 참살 이후, 올리베로토는 말을 타고 도심지를 돌며 시를 장악하고 주요 관리들의 집을 포위했습니다. 그들은 공포에 휩싸여 그에게 복종하게 되었고, 마침내 그는 새로운 정부를 구성하여 대표가 되었습니다.

자신에게 해를 가할 만한 불만 세력을 모두 제거한 그는 새로운 민정제도와 군사제도를 통해 권력을 공고히 구축했습니다. 그렇게 하여 권력을 잡은 지 1년 남짓한 기간에 페르모 시에 확고한 기반을 만들었을 뿐만 아니라 인접 국가들이 두려워하는 존재가 되었습니다.

이후 체사레가 세니갈리아에서 오르시니 파와 비텔리 파의 지도자들을 사로잡을 때, 올리베로토가 속임수에만 빠지지 않았더라면 그를 파멸시키는 것은 아가토클레스를 쫓아내는 것만큼이나 어려운 일이었을 것입니다.

그는 외삼촌을 죽인 후 1년 만에 그곳에서 포박당했으며, 능력이나 사악함에 있어 그의 지도자라고 할 비텔로초와 함께 교살당하고 말았습니다.

가해행위는 단번에, 시혜행위는 천천히

아가토클레스나 그와 유사한 인물들이 무수히 많은 배신과 잔인한 일을 저지르면서도 어떻게 그토록 오랫동안 나라를 안정적으로 통치하였는지, 외부의 적들을 막아냈는지, 신민들의 음모에도 걸려들지 않을 수 있었는지에 대하여 의구심을 갖는 사람이 많을 것입니다. 왜냐하면 다른 수많은 지배자들은 평화로운 시기라도 자신의 권력을 쉽사리 유지할 수 없었기 때문입니다.

저는 잔인한 수단들이 제대로 사용되었는지 혹은 잘못 사용되었는지에 따라 차이가 발생한다고 믿습니다. 그러한 조치들이 순식간에 모두 저질러졌다면 잘 사용되었다고(사악한 일에도 '잘'이라는 단어를 사용할 수 있다면) 언급할 수 있습니다. 왜냐하면 그러한 조치들은 권력을 확립할 때 필수적이며, 이후에 그것에 집착하지 않고 자신의 신민들에게 유익한 조치로도 전환시킬 수 있기 때문입니다. 이때 잘못 저질러진 조치들이란 처음에는 드물게 실행되었지만 시간이 지날수록 감소하기보다는 증가하는 경우입니다.

첫 번째 방법에 대해서 군주들은 아가토클레스가 그랬던 것처럼 신과 인간의 사이에서 자신의 위상을 개선시킬 수 있습니다. 그러나 두 번째 방법을 따르는 군주들은 자신의 권력을 유지할 수 없습니다.

따라서 한 국가를 탈취한 정복자는 실행할 필요가 있는

모든 가해행위에 관해서 결정해야 합니다. 그리고 모든 가해행위를 단번에 저질러서 매일 거듭되지 않도록 해야 합니다. 그렇게 하면 무분별한 폭력을 절제해서 신민들을 안심시키고, 이후 그들에게 은혜를 베풀어 민심을 자기편으로 끌어들일 수 있습니다. 이러한 방법을 따르지 않는 자는 누구나 소심해지거나 잘못된 판단을 하게 될 것입니다. 그리하여 자신의 손에 언제나 칼을 들고 있어야만 할 테고, 결국 신민들을 믿고 의지할 수 없게 될 것입니다.

지속적으로 저지르는 가해행위는 군주에게서 신민들을 안심시킬 수 없습니다. 가해행위는 모두 한꺼번에 시행되어야 신민들의 반감과 분노를 적게 만들 수 있습니다. 반면에 은혜는 조금씩 베풀어야 신민들의 감사와 충성을 더 많이 만들 수 있습니다.

현명한 군주라면 무엇보다도 자신의 신민들과 함께 살아야 합니다. 그렇게 되면 좋은 일이든 나쁜 일이든 예상치 못한 사건 때문에 자신의 통치방법을 갑자기 바꾸는 일을 하지 않아도 됩니다. 왜냐하면 비상시에 예상치 못한 사건이 일어날 경우에는 단호한 조치를 취할 시간적

여유를 가지지 못할 것이고, 이때 군주가 베푼 어떠한 은혜에도 신민들은 군주를 돕지 않을 것이기 때문입니다. 이때는 신민들이 군주가 마지못해 은혜를 베푸는 것으로 받아들이기 때문에 아무런 호감도 얻지 못하게 됩니다.

제9장
신민들의 호의에 의해 군주가 된 인물

신민형 군주의 출현

이제 군주가 되는 두 번째 유형인 신민들의 호의에 의해 군주가 되는 사례에 대해 논의하겠습니다. 이러한 유형은 '신민형 군주국'이라 부를 수 있습니다.

신민형 군주의 자리에 오르기 위해서 반드시 능력이나 행운이 필요한 것은 아니며, 오히려 운을 잘 이용하는 영리함이 필요합니다. 이때 신민들의 호의에 의한 방법과 귀족들의 호의에 의한 방법이 있습니다. 대체로 모든 도시에는 두 가지의 계급이 존재하기 때문입니다. 이때 신민들은 귀족들에게 의해 지배당하거나 억압받기를 원치 않고 귀족들은 신민들을 지배하고 억압하고자 합니다. 이 두 가지 성향으로 인해 도시에는 군주정이거나 공화정 그리고 무정부 상태라는 세 가지 중 한 가지 결과가 발생합니다.

신민이나 귀족이 군주를 선출한다

여기서 말하는 군주정은 신민이나 귀족 중 어느 일파가 기회를 장악함에 따라 탄생합니다. 귀족들은 신민들의 압력을 감당하기 힘들어질 때, 자신들 중 한 명을 선출하여 통치자로 만든 다음 그의 보호 아래에서 자신들의 욕망을 충족하려고 합니다. 이와 마찬가지로 신민들 역시 귀족들에게 대항할 수 없다는 것을 깨달았을 때, 자신들 중 한 명을 선출하여 그를 통치자로 만든 다음 그의 권위를 통해 자신들을 보호하려고 합니다.

귀족들의 도움으로 군주의 자리에 오른 사람은 신민들

의 지원으로 군주가 된 사람에 비해 그 권력을 유지하는 것이 훨씬 더 어렵습니다. 군주와 대등하다고 생각하는 사람들에게 둘러싸여 있어서, 군주가 원하는 대로 통치하거나 그들을 다룰 수 없기 때문입니다. 반면에 신민들의 지지를 받아 군주가 된 사람은 홀로서기를 할 수 있습니다. 왜냐하면 그의 주변에는 그에게 반대하는 사람이 없으며, 있다 해도 소수에 불과하기 때문입니다.

대체로 군주는 누군가를 해치지 않고 명예롭게 행동하는 것만으로 귀족들을 만족시킬 수 없습니다. 하지만 신민들은 만족시킬 수 있는데, 그것은 신민들의 목표가 귀족들보다 더 정의롭기 때문입니다. 즉, 귀족들은 신민들을 억압하기를 바라지만 신민들은 억압에서 벗어나기를 갈망합니다.

또한 신민의 수가 귀족보다 많기 때문에 군주는 그들을 적으로 삼을 경우 자신을 결코 보호할 수 없습니다. 반면에 귀족들은 그 수가 적기 때문에 그들과 적대적인 군주는 자신을 보호하는 일이 어렵지 않습니다.

신민들이 적대적일 때 군주에게 닥칠 수 있는 가장 최

악의 사태는 그들로부터 버림받는 일입니다. 하지만 귀족들이 적대적일 경우에는 단순히 버림받는 것뿐만 아니라 그들이 연합하여 반역을 도모할 수 있다는 점을 명심해야 합니다. 귀족들은 선견지명이 있고 교활하기 때문에 언제나 승산이 있는 인물의 호의를 얻어 자신들을 보호하려 합니다.

또한 군주는 늘 동일한 신민들과 함께 살아야 하지만 꼭 동일한 귀족들과 더불어 살아야 할 필요는 없습니다. 왜냐하면 군주는 자신이 원할 때면 언제나 귀족의 작위를 수여하거나 박탈할 수도 있으며, 그들의 권력을 증가시키거나 감소시킬 수도 있기 때문입니다.

군주가 귀족을 다루는 방법

위와 같은 특징을 명확히 정의하기 위해 귀족들에 관한 두 가지 사항을 주시해야 합니다. 첫째는 귀족들은 군주의 운명(성공)에 자신들의 운명을 결부시켜 처신한다는 것이고, 둘째는 그와는 완전히 정반대로 움직인다는 것입니다. 그들 중에서 탐욕을 부리지 않는 자는 우대하고 존중해주어야 합니다. 하지만 군주에게 확실하게 충성을 바치지 않는 귀족들은 그들의 처신에 담긴 숨은 이유를 알아내야 합니다.

만약 그들이 소심하거나 용기가 부족해서 그렇게 행동하는 것이라면, 군주는 그들 중에 특별히 영리한 자들을 선출하여 잘 활용해야 합니다. 왜냐하면 그들은 번영하는 시기에는 군주에게 명예를 더해줄 것이고, 역경에 빠진다 해도 두려워할 만한 존재가 아니기 때문입니다.

그러나 귀족들이 계산적으로 야심을 품고서 군주에게 충성하기를 주저하는 기색을 보인다면, 그것은 그들이 군주의 이익보다 자신들의 이익을 더 중시한다는 표식입니다. 따라서 통치자는 이러한 귀족들을 조심스럽게 관찰해야 하며, 이미 드러난 적인 것처럼 두려워해야 합니다. 왜냐하면 그들은 군주에게 곤경이 닥치게 되면 언제라도 그를 파멸시키기 위해 갖은 수단을 다 쓸 것이기 때문입니다.

모든 군주는 신민들의 지지가 필요하다

신민들의 호의를 통해 군주가 된 사람은 신민들과 좋은 관계를 유지하도록 노력해야 합니다. 신민들이 그에게 요구하는 것은 오직 억압당하지 않는 것뿐이기 때문에 이는 매우 쉬운 일입니다.

신민들의 반대에도 귀족들의 호의를 통해 군주가 된 자는 다른 무엇보다도 먼저 신민들의 환심을 사려고 노력해야 할 것이며, 그것은 군주가 그들을 보호함으로써 쉽게 성취할 수 있습니다. 인간이란 해를 끼칠 것으로 예상했던 사람으로부터 좋은 대접을 받게 되면 그에게 더욱 애정을 느끼게 됩니다. 그렇기 때문에 신민들은 군주가 자신들의 지지로 권력을 잡았을 때보다 더 깊은 호의를 보이게 될 것입니다.

군주가 신민들의 호의를 이끌어내는 상황에 따라 매우 다양하기 때문에 확실한 원칙을 제시할 수는 없습니다. 그러므로 이 문제는 제쳐놓기로 하겠습니다. 다만, 군주는 필수적으로 신민들과 좋은 관계를 가져야만 한다는 점을 강조하겠습니다. 그렇게 하지 않으면 군주는 곤경에 처했을 때 사면초가의 상태에 빠질 것입니다.

현명한 군주는 신민에 의지할 수 있다

스파르타의 군주 나비스는 그리스의 모든 세력과 대세였던 로마 군대의 포위 공격을 잘 막아내어 국가는 물론 자신의 권력을 지킬 수 있었습니다. 당시 위험이 닥쳐왔을 때, 그는 단지 몇몇 신하의 위협만 제거하는 것으로 간단히 극복했습니다. 그러나 대다수의 신민들이 그에게 적대적이었다면, 이런 조치만으로는 위험을 극복할 수 없었을 것입니다.

이러한 저의 견해에 대해 '신민을 권력의 기반으로 삼은 자는 진흙을 밟고 서 있는 것과 같다'는 격언을 이용하며 반론을 제기하면 안 됩니다. 이 격언은 신민을 지지기반으로 삼아 권력을 잡은 일개 신민이 적이나 관리들에 의해 궁박한 처지에 몰린 상황에서 신민들이 자신을 구해줄 것이라고 생각할 때만 적용됩니다. 그러다가는 로마의 그라쿠스 형제나 피렌체의 조르지오 스칼리가 당했던 것처럼 궁지에 몰렸을 때 자신이 잘못 생각했다는 것을 깨닫게 될 것입니다.

신민들을 지지기반으로 삼고 있는 군주가 통치술을 알고 용맹이 뛰어나 역경에 빠져서도 절망하지 않는 자라면, 그의 기백과 정책에 의해 신민들의 사기를 유지시킬 수 있는 자라면 결코 신민들에게 배반당하지 않을 것입니다. 그리고 그런 군주는 자신이 건실한 기반을 구축했음도 알게 될 것입니다.

현명한 지도자는 위험한 시기에도 충성을 확보한다

통상적으로 신민형 군주국을 오로지 군주에게만 권력을 모으는 강력한 체제로 변혁시키려 할 때 커다란 어려움에 처하게 됩니다. 왜냐하면 이러한 군주들은 자신이 직접 통치하거나 관료들을 이용해 통치하기 때문입니다.

후자의 경우, 군주의 지위는 자신이 관리로 임명한 신민들의 선의에 전적으로 의존하기 때문에 점차 약해지고 매우 위험해질 것입니다. 특히 곤경에 처하게 되었을 때, 신민들은 반란을 일으키거나 군주에게 불복하는 방법으로 그를 쉽게 권좌에서 몰아낼 수 있습니다. 게다가 위급한 상황에 빠졌을 때 군주는 확고한 권위를 장악할 만한 시간이 부족합니다. 왜냐하면 혼란한 상황에서는 관리들의 통제를 받는 데 익숙해진 신민들이 군주의 통제에 복종하지 않을 것이기 때문입니다.

대체로 곤란한 처지가 되면 군주는 자신이 언제든 의지할 수 있는 사람들이 부족하게 됩니다. 평화로운 시기에 군주에게 안정적인 통치를 기대했던 신민들을 의지할 수 없습니다. 왜냐하면 평화로운 시기에는 죽음을 당할 가능성이 없기 때문에 모든 사람이 몰려와 충성을 약속하고 군주를 위해 목숨을 바치겠다는 맹세를 하기 때문입니다.

막상 정부가 곤경에 처해 신민들의 지원과 봉사를 필요로 할 때는 이를 위해 기꺼이 봉사하는 자들을 거의 찾아볼 수 없습니다. 무엇보다도 그들의 충성도를 시험하는 일은 혼란한 상황 속에선 처음이자 마지막이기 때문에 매우 위험합니다.

　따라서 현명한 군주라면 언제든지, 어떤 상황에 처하게 되든지 신민들이 정부와 자기를 믿고 따르도록 평상시에도 조치를 취해야 합니다. 그렇게 해야 신민들은 항상 군주에게 충성할 것입니다.

제10장

군주국의 국력은
어떻게 측정되어야 하는가

자위력이 있는 군주

　다양한 군주국의 성격을 분석할 때 중요시해야 할 점이 하나 있습니다. 바로 군주가 힘을 필요로 할 때, 스스로를 방어할 만큼 충분한 영토와 권력을 가지고 있는지 아니면 항상 외부의 다른 세력으로부터 원조를 받아야 하는지에 대한 문제입니다.

　이 문제에 대한 이해를 돕기 위해 다음과 같이 논의하고자 합니다. 즉, 어떤 군주가 자신의 국가를 공격하는 어떠한 세력에도 맞서 싸워 전쟁을 치러낼 수 있는 병력과 용병을 구입할 수 있는 많은 자금력이 있으면 자신의 국가를 충분히 방어할 수 있습니다. 그러나 전장에서 적과 맞설 능력이 없어 자신의 성 안으로 도망쳐 수비만 해야 하는 군주라면 늘 다른 세력의 도움이 필요하다고 말할 수 있습니다.

첫 번째 유형은 이미 논의되었으므로 더 필요한 것들이 있다면 나중에 좀 더 상세하게 적겠습니다. 두 번째 유형의 경우라면 성 밖의 영토에 대해서는 신경 쓰지 말고 오직 그의 도시를 요새화하고 식량을 넉넉히 비축해야 한다는 것 외에는 더는 해줄 조언이 없습니다. 도시를 제대로 요새화하고 추종자들과 함께 내정을 잘 관리한다면 다른 세력으로부터 쉽사리 공격받지 않을 것입니다.

왜냐하면 무릇 인간이란 어려움이 많을 것으로 예상되는 전투는 시작하지 않기 때문입니다. 그리고 도시를 제대로 요새화하고 신민들로부터 미움받지 않는 군주를 공격하는 것은 전투 전이나 이후로도 결코 만만치 않은 일로 보입니다.

독일의 자유도시들

독일의 도시 국가들은 완전히 독립적이어서 자신들이 원할 때만 황제에게 복종합니다. 그들은 황제는 물론 인접해 있는 세력들을 결코 두려워하지 않습니다.

그 국가들은 방비가 잘되어 있어 그곳을 포위, 공격하는 일이 어려운 작업임을 주변 세력들이 알고 있기 때문입니다. 그곳은 모두 강력한 성벽과 외호(外濠)로 둘러싸여 있고 충분한 대포를 갖추고 있습니다.

또한 1년을 버티기에 충분한 식량과 식수가 항상 비축되어 있습니다. 게다가 신민들이 공적 자금을 소비하지 않고 안정적으로 살아갈 수 있도록 언제나 1년 정도 사용할 수 있는 원자재를 충분히 비축해 두어 신민들에게 필요한 일거리를 제공합니다. 일자리 제공은 도시와 산업을 유지하는 필수 요소가 되며 농사지을 영토가 부족한 도시 국가들은 이를 통해 신민들의 생계를 지원합니다. 또 그 국가들은 군대 훈련을 매우 중시하며, 군대를 유지하기 위해 많은 규정을 두고 있습니다.

그러므로 견고한 도성을 가지고 있으면서 신민들의 미움을 받지 않는 군주는 공격으로부터 안전합니다. 그를 공격하는 자는 결국에는 수치스러운 퇴각을 감수해야 할 것입니다. 대체로 군대를 1년 동안 하는 일 없이 성을 포위하고 있도록 하는 일은 사실상 불가능하기 때문입니다.

현명한 군주가 포위 공격을 감당하는 방법

만약 신민들이 성 밖에 있는 자신들의 재산이 파괴되는 것을 보게 되면 인내심을 잃게 되고, 포위가 장기간 지속되면 이기심으로 인해 군주에 대한 충성심이 약해질 것이라고 반박할 수도 있습니다. 그러나 저는 강인하고 기백을 갖춘 군주라면 신민들로 하여금 고난이 오래 지속되지 않을 것이라고 설득하면서, 다른 한편으로는 적의 잔혹함에 대한 경각심을 일깨우며 호들갑 떠는 자들을 교묘하게 처리하여 어려움을 극복할 수 있다고 반박할 것입니다.

그렇기 때문에 적군은 도착하자마자 성 밖의 지역들을

파괴하고 약탈할 것이지만, 신민들의 사기도 충천해 있을 것이며 버티겠다는 결의도 확고할 것입니다. 그리고 며칠이 지나면 신민들의 흥분은 가라앉을 것이고 피해는 이미 발생하여 모두가 희생을 겪은 후입니다. 더 이상 상대는 문제를 해결할 그 어떤 방법도 없기 때문에 군주는 그들을 두려워할 이유가 적어지게 됩니다.

게다가 신민들은 군주를 방어하느라 자신들의 집이 불타고 재산이 약탈당했기 때문에 이제 군주가 자신들에게 빚을 졌다고 생각합니다. 그래서 똘똘 뭉쳐 더욱더 군주를 지지하게 됩니다. 왜냐하면 인간은 본성적으로 받았던 은혜와 베푼 은혜에 의해서도 유대가 강화되는 존재이기 때문입니다.

따라서 이런 모든 문제를 고려할 때 식량이 풍부하고 방어를 위한 수단들을 갖추고 있기만 한다면 현명한 군주는 어떤 형태의 포위 공격에 처해도 신민들의 사기를 유지하는 일이 어렵지 않을 것입니다.

제11장
교회형 군주국

교회형 군주의 확실한 안전

이제 교회형 군주국을 논의하고자 합니다. 이런 형태의 군주국은 모든 문제가 국가를 만들기 전에 발생합니다. 왜냐하면 교회형 군주국은 능력을 통하거나 운이나 호의 모두를 통해서 얻어지는데, 이를 유지하기 위해서는 이둘 중 어느 것의 도움도 필요하지 않기 때문입니다.

그러한 이유는 오랫동안 전해 내려온 종교적 제도들에 의해 유지되는 국가이기 때문입니다. 그래서 이 나라의 제도들은 군주들이 어떤 식으로 처신하고 살아가더라도 자신들의 권력을 보전할 수 있을 정도로 강력하게 유지됩니다.

　군주는 국가를 소유하고 있지만 방어할 필요가 없습니다. 또한 신민들이 있지만 다스릴 필요도 없습니다. 게다가 군주가 국가를 방어하지 않고 내버려 둔다고 해도 국가를 빼앗기지 않습니다. 더욱이 신민들은 통치를 받지 않더라도 그 일에 신경 쓰지 않습니다. 그들은 군주를 몰아낼 생각도 하지 않으며 그럴 능력도 없습니다. 그러므로 이러한 군주국이야말로 가장 안정적이며 성공적이라 할 수 있습니다.

　그러나 이러한 국가들은 인간의 정신이 도달할 수 없는 초월적인 권능에 의해 다스려지기 때문에 더 이상 논의하지 않겠습니다. 이 국가들은 신에 의해 이루어지고 유지되기 때문에 그것들에 대해서 논하는 것은 오만하고 무지한 행동이 될 것입니다.

교황 알렉산드르 6세의 재위 그리고 속권의 강화

교황 알렉산데르 6세 즉위 이전까지 이탈리아의 지도적 정치 세력들은 교회의 세속적 권력을 미미하게 취급했습니다. 그래서 어떻게 교회의 세속적 권력이 프랑스 왕과 같은 인물마저도 두려워할 만큼 강해졌는가에 대해 의문을 품는 사람들이 있습니다. 교회 권력이 이탈리아에서 프랑스 왕을 몰아냈을 뿐만 아니라 베네치아 공화국마저도 몰락시켰기 때문입니다. 물론 이 사건들은 널리 알려져 있지만 다시 한 번 언급한다고 해서 잘못될 것은 없습니다.

프랑스 왕 샤를이 침공하기 전의 이탈리아는 교황과 베네치아, 나폴리, 밀라노 그리고 피렌체인의 통치하에 분할되어 있었습니다. 그리고 각 세력의 권력자들은 두 가지 중요한 문제에 몰두해 있었는데, 그중 한 가지는 외세가 군대를 이끌고 이탈리아를 침범하면 안 된다는 것이었으며, 다른 한 가지는 자신들 중 어느 누구도 더 많은 영토와 권력을 차지해서는 안 된다는 것이었습니다.

가장 많은 관심과 우려의 대상이 된 것은 교황과 베네치아 공화국이었습니다. 베네치아의 힘이 막강해지는 것을 견제하기 위해 그 외의 모든 세력들은 과거 페라라의 방어를 위해 뭉쳤던 것처럼 동맹을 결성했습니다. 그리고 다른 강자인 교황을 견제하기 위해 로마의 귀족들을 활용했습니다.

　로마의 귀족들은 두 개의 파벌 오르시니 파와 콜론나파로 나뉘어져 언제나 대립하고 있었습니다. 하지만 그들은 언제든지 무기를 가지고 교황 앞에 설 만큼 교황의 권위를 위협하고 약하게 만들었습니다.

　간혹 식스투스 4세와 같은 영민한 교황이 등장하기도 했지만 그의 행운이나 능력으로도 이런 난관을 극복할 수는 없었습니다. 교황의 재위 기간이 10년 정도로 짧다는 것도 그 이유라고 할 수 있습니다. 보통 이 정도의 기간 동안 어느 한 파벌을 제거하는 것은 매우 어려운 일이었기 때문입니다.

　그리고 어떤 교황이 재위 기간에 콜론나 파의 제거에 성공했다 할지라도 그다음에는 오르시니 파에 적대적인 교황이 즉위하게 되어 콜론나 파를 재기시키는 결과를 초래하곤 했습니다. 그렇다고 해서 그 교황이 오르시니 파를 제거할 만큼 충분한 시간을 재위하지도 않았습니다.

그 결과 이탈리아에서는 교황의 권력이 지속될 수 있다는 것을 믿지 않았습니다. 그런데 알렉산데르 6세는 교황에 즉위하고, 이전의 그 어떤 교황보다 탁월하게 돈과 군사력으로 얼마나 많은 것을 성취할 수 있는가를 보여주었습니다.

앞에서 발렌티노 공작의 행적을 논의할 때 나왔다시피 교황은 공작을 앞세워 프랑스의 침입에 의해서 제공된 기회를 충분히 활용하여 많은 것을 이루어냈습니다. 비록 그의 목적은 교회가 권력을 차지하는 것이 아니라 공작의 세력을 확장시키려는 것이었습니다. 그런데도 그가 죽고 공작이 몰락한 이후, 그가 이루어낸 결실을 물려받은 교회는 이전보다 권력이 강화되었습니다.

교황 율리우스 2세, 교회를 강화하다

알렉산데르 6세의 서거 이후, 율리우스 교황이 등장했습니다. 당시에 교회는 로마냐의 전 지역을 장악하여 로마의 귀족들을 무력화시켰습니다. 이는 교황 알렉산데르 6세의 과감한 조치에 의해 파벌들이 몰락했기 때문입니다. 그래서 율리우스는 이미 강력해진 교회 국가를 그대로 물려받게 되었습니다.

또한 율리우스 교황은 알렉산데르 6세나 그 이전의 교황들은 시도하지 못했던 방법으로 재산을 축적했습니다. 율리우스는 자신이 상속받은 것을 유지했을 뿐만 아니라 그것을 더욱 발전시켜 나갔습니다. 그는 볼로냐를 점령하고 베네치아의 세력을 파괴했으며, 프랑스 군을 이탈리아에서 몰아내고자 했습니다.

그의 이러한 모든 계획은 성공했습니다. 이러한 모든 일을 특정한 개인을 위해서가 아니라 교회의 세력을 더욱 강화시키기 위한 행위였기 때문에 그는 특별한 찬사를 받을 만합니다.

또한 그는 오르시니 파와 콜론나 파를 줄곧 무력한 상태로 남아 있도록 만들었습니다. 비록 그 세력의 몇몇 지도자가 반란을 일으키려고 했지만, 두 가지 요인에 의해 뜻을 이룰 수 없었습니다. 그중 한 가지는 그들을 압도해 버린 강력한 교회 세력이었으며, 다른 한 가지는 어느 한 파벌의 권력을 좌지우지할 수 있는 추기경이 있었다는 것입니다.

추기경은 이들 파벌의 갈등을 일으키는 원인이 되었습니다. 왜냐하면 그들이 추기경을 지도자로 삼아 분규를 일으키곤 했기 때문입니다. 추기경들은 로마 내에서나 밖에서도 파벌을 형성했으며 귀족들은 자신들이 속한 파벌을 지지할 수밖에 없는 상황에 놓여 있었습니다. 고위 성직자들의 야심이야말로 귀족들 간의 모든 알력과 분쟁의 근원이 되었습니다.

레오 10세에 대한 소망

이런 이유들로 훗날 즉위하게 된 성스러운 교황 레오 10세는 지금과 같은 강력한 교회 국가를 가지게 되었습니다. 전임 교황들이 무력을 통해 공적으로 위대한 국가를 만든 것처럼 레오 10세도 타고난 선량함과 무한한 미덕을 통해 국가가 더욱 위대해지도록 노력했습니다.

제12장

군대의 종류와 특성: 용병군

좋은 법률과 좋은 군대

지금까지 저는 다양한 형태의 군주국과 그 특성에 대해 논의하며 이들의 번영과 쇠퇴의 이유를 설명했습니다. 그리고 많은 사람이 군주국을 획득하고 유지하기 위해 활용했던 방법들도 검토했습니다.

이제 저는 군주국들이 공격하거나 방어할 때 적용할 수 있는 일반적인 방법론을 설명해보고자 합니다. 저는 앞장에서 군주라면 권력의 토대를 확고히 만들어야 한다고 주장했습니다. 그렇지 못한 군주는 항상 몰락하고 말 것이기

116

때문입니다. 오래된 국가이든 신생국이든 복합 국가이든, 모든 국가의 주요한 토대는 훌륭한 법률과 군대입니다. 훌륭한 군대가 없다면 훌륭한 법률을 가지기란 불가능하고, 훌륭한 군대가 있는 곳에는 훌륭한 법률이 있기 때문에 저는 제일 먼저 군대 문제를 논의하겠습니다.

용병의 무익함

군주가 자신의 국가를 방어하는 데 사용하는 무력은 자신이 소유한 군대이거나 용병 혹은 외국의 지원부대 또는 이 세 가지를 혼합한 혼성군입니다. 그런데 이 중에 용병과 외국의 지원부대는 아무런 쓸모도 없으며 때로는 위험합니다.

자신의 영토를 지키기 위해 용병에 의존하는 사람은 안정되고 안전한 통치를 결코 만들 수 없습니다. 왜냐하면 그런 군대는 좀처럼 통합되어 있지 않고 언제나 배반할 야심을 품고 있으며, 기강이 문란하고 신의가 없기 때문입니다. 그들은 아군과 함께 있을 때는 용감하지만 적과 마주치면 비겁해집니다. 신을 두려워하지 않으며 사람들과 한 약속도 잘 지키지 않습니다.

그런 군대를 이끌고 있는 군주의 파벌은 적이 공격하지 않는 기간만큼 통치기간이 연장되고 있는 것에 불과합니다. 따라서 군주는 평화로울 때는 내부에서 그들에게 시달리고, 전쟁이 벌어지면 외부에서 적들에게 시달릴 것입니다.

이러한 일이 발생하는 이유는 단순합니다. 그들은 군주에 대한 애착을 전혀 느끼지 않습니다. 그리고 하찮은 보수 외에는 생명을 걸고 군주를 위해 전쟁을 나가 싸울 이유나 동기가 전혀 없습니다. 그래서 군주가 전쟁을 일으키지 않는다면 그들은 기꺼이 그에게 봉사하겠지만, 막상 전쟁이 일어나면 도망치거나 탈영합니다.

사실 이탈리아가 최근에 겪은 시련은 무엇보다 오랜 세월 동안 용병에 의존해온 것에 그 원인이 있습니다. 그렇기 때문에 이 점을 주장하기 위해 많은 시간을 할애할 필요조차 없습니다. 물론 이 용병들의 일부는 무기력하지 않았으며, 다른 용병들과의 전투에서 용맹함을 보이기도 했습니다. 그러나 1494년 이후 외부 세력이 침공을 시작하자 그들은 단번에 자기들의 진면목을 드러냈습니다. 그래서 프랑스의 샤를 왕은 백묵 한 개로 이탈리아를 점령할 수 있었습니다.

우리들의 죄악으로 인해 이런 참변을 겪게 된 것이라고 말했던 사람은 진리를 말한 셈입니다. 그러나 문제는 그 사람이 의미했던 죄악이 아니라 제가 앞서 설명했던 죄악이 문제가 되었습니다. 그리고 그것은 군주들의 죄악이었기 때문에 그들 또한 자신의 죄로 인해 재앙을 겪어야만 했습니다.

군주는 스스로 군대를 통솔해야 하고
공화국은 신민 출신의 장군을 지지해야 한다

저는 용병 군대가 지니고 있는 결함에 대해 보다 효과적으로 설명하려고 합니다. 용병 대장들은 매우 유능한 군인일 수도 전혀 그렇지 못한 인물일 수도 있습니다. 만약 대장이 능력 있는 인물이라면 군주는 그들을 믿어서는 안 됩니다. 그들은 언제나 자신들의 고용주인 군주를 공격하거나 군주의 의사에 반해 타인을 공격하여 높은 지위에 오르기를 열망하기 때문입니다. 반면에 대장이 평범한 인물이라면 군주는 당연히 몰락하게 될 것입니다.

누구든 군대를 장악하고 있는 자라면 용병은 다른 식으로 행동할 것이라고 반론을 제기합니다. 하지만 저는 무력이란 군주나 공화국에 의해 통제되어야만 한다는 점을 들어 반박할 것입니다. 전자의 경우, 군주는 자기 자신이 직접 최고 통수권자로서 직접 용병으로 구성된 군대를 지휘해야만 합니다. 후자의 경우, 공화국은 자신들의 신민 중에서 유능한 지휘관을 선정하여 파견해야 합니다. 만약 파견된 자가 유능하지 못한 것으로 판명되면 교체해야 하며, 유능하다면 자신의 권한을 넘어서는 일을 못하도록 법적인 통제 수단을 확보해야 됩니다.

저의 경험에 의하면 독자적인 군대를 운영했던 군주나 공화국만이 성공을 이루었습니다. 그리고 용병은 어떤 것도 성취하지 못했고 오히려 손해만 끼칠 뿐이었습니다. 일개 신민이 권력을 탈취하는 일은 외국 군대에 의존하는 국가보다 자신의 군대를 가진 공화국에서 더 실패할 확률이 높습니다.

로마와 스파르타는 자력으로 무력을 갖춘 상태에서 수세기 동안 독립을 유지했습니다. 오늘날에는 스위스가 지극히 잘 조직된 군대를 갖추고 있으며 완전한 독립을 유지하고 있습니다.

용병의 배반에 대한 역사적 사례

고대의 용병제로 언급할 가치가 있는 예는 카르타고에서 발견됩니다. 카르타고는 용병대장을 자국민인 하밀가르 바르카로 임명해 두었으나 로마와의 첫 번째 전쟁(기원전 346년)이 끝난 후에 용병들에게 거센 공격을 받았습니다. 테베는 에파미논다스가 사망한 이후 마케도니아의 필리포스를 자국 군대의 장군으로 삼았는데, 그는 전쟁에서 승리한 후 테베의 독립을 박탈하고 말았습니다.

필리포 공작이 사망한 후, 밀라노인들은 프란체스코 스포르차를 장군으로 고용하여 카라바지오에서 베네치아인들을 격파했습니다. 하지만 스포르차는 그들과 연합하여 자신을 고용했던 밀라노를 공격했습니다. 나폴리의 조반나 2세에 의해 장군으로 고용되어 있던 스포르차의 부친은 곧바로 여왕의 무력을 박탈했고, 그로 인해 여왕은 아라곤의 왕에게 도움을 청하지 않을 수 없었습니다.

피렌체의 경험

베네치아인들과 피렌체인들이 과거에 용병을 고용해 영토를 확장하며 그 용병 대장들이 스스로 군주가 되려 하지 않고 영토를 방어해주었을지라도 이 문제에 관해서는 피렌체의 운이 매우 좋았다고밖에 할 수 없습니다. 왜냐하면 위협이 될 만했던 유능한 장군 중 일부는 승리를 거두지 못했고, 다른 일부는 반대에 부딪혔으며, 또 다른 일부는 자신들의 야망을 성취하기 위해 다른 지역으로 떠나갔기 때문입니다.

승리를 하지 못한 장군으로는 조반니 아쿠토가 있습니다. 하지만 그의 충성심은 그가 승리를 거두지 못했기 때문에 확인할 수가 없었습니다. 그렇지만 모든 사람은 그가 성공했다면 피렌체는 그가 장악했을 것이라는 데에 동의합니다.

스포르차 가문은 항상 브라치오 가문과 경쟁하는 관계에 있었기 때문에 각 파벌은 항상 서로를 견제하고 있었습니다. 프란체스코는 자신의 야망을 이루기 위해 롬바르디아로 갔으며 이때 브라치오는 교회와 나폴리 왕국을 목표로 하고 있었습니다.

좀 더 최근에 일어났던 사건을 살펴보자면, 피렌체인들은 파올로 비델리를 장군으로 고용했는데, 그는 미천한 출신에서 시작하여 커다란 명성을 얻었던 매우 유능한 인물입니다. 그가 만약 피사를 점령했다면 피렌체는 그를 계속 고용했을 것입니다. 왜냐하면 그가 적국의 장군으로 고용된다면 피렌체인들은 달리 방어할 수단이 없어 궁지에 몰렸을 것이기 때문입니다. 하지만 그를 계속 고용하고 있었다면 그는 피렌체인을 거느리는 지위에 오르게 되었을 것입니다.

베네치아인들이 용병으로부터 겪은 수난

베네치아인들의 발전사를 살펴보면, 그들은 이탈리아 내륙에서 전쟁을 치르기 전에는 자국의 군대만으로 능숙하고 용맹하게 전쟁에 임했습니다. 그래서 그들의 나라는 안전했고 승리의 영광을 누릴 수 있었습니다. 그런데 본토에서 전쟁을 치르게 되자 그들은 효과적인 정책을 포기하고 이탈리아의 관례를 따르기 시작했습니다. 그들이 처음 내륙의 영토를 확장해 나갈 무렵에는 병합한 영토도 그리 많지도 않았고, 베네치아인들의 명성도 드높았기 때문에 용병 장군들을 두려워하지 않았습니다.

그러나 그들이 카르마뇰라의 지휘 아래 영토를 확장해 가면서 그들의 과오는 명백해졌습니다. 그의 지휘 아래 밀라노 대공을 물리쳤기 때문에 그들은 그가 매우 유능하지만 마지못해 전쟁을 수행하고 있다는 점을 깨달았습니다.

그들은 전쟁에 대한 의욕이 없는 그를 이용해 정복을 계속할 수 없다고 판단했습니다. 하지만 그동안 차지한 영토를 다시 빼앗길까 봐 그를 해고할 수도 없었습니다. 베네치아인들은 자신들을 안전하게 지키기 위해 그를 암살할 수밖에 없었습니다.

그 후에 베네치아인들은 베르가모의 바르톨로메오, 산세베리노의 루베르토, 세베리노, 피틸리아노 등 다른 인물들을 기용했습니다. 이때 베네치아인들이 우려했던 것은 그들이 승리함으로써 반란을 일으킬 수 있는 위험이 아니라 그들이 패배하는 것이었습니다. 그리고 이러한 우려는 단 한 번의 전투로 현실화되었습니다. 그들은 바일라 전투로 800여 년 동안 심혈을 기울여 얻었던 것을 잃었습니다. 용병을 활용할 때는 매우 느린 속도로 그다지 중요하지 않은 영토를 얻을 수 있는 반면에 매우 빠른 속도로 돌발적이고 놀라운 손실을 가져오기 때문입니다.

이탈리아에서의 용병 역사

이런 사례들은 오랫동안 용병들에게 약탈당했던 이탈리아의 경험에서 다뤄졌기 때문에 저는 이 용병 제도에 대해 좀 더 상세하게 논의하고자 합니다. 용병제의 발생과 발전과정을 제대로 알면 해결책을 구하기가 쉽기 때문입니다.

그 전에 최근 이탈리아에서 교황의 세속적 권력이 강해지고 황제의 권한은 박탈되면서 어떻게 기존의 토대를 상실하게 되었는지, 어떻게 해서 이탈리아가 많은 국가로 분열되었는지를 알아야 합니다. 황제의 지원을 받는 귀족들의 통제하에 있던 대도시의 신민들이 반란을 일으켰는데, 세속적인 권력을 확장하기 위해 교회가 이러한 반란들을 은근히 조장했기 때문입니다.

그리고 그 외의 도시에서는 신민들이 군주가 되었습니다. 그로 인해 이탈리아는 주로 교회와 몇몇 공화국의 영향력 내에 속하게 되었으며 군대를 지휘해본 경험이 거의 없는 성직자들과 새 군주들은 외국의 군인들을 고용하여 전투를 치르게 되었습니다.

로마냐 사람인 알베리고 다 코니오가 처음으로 이 용병제의 중요성을 널리 알렸습니다. 당대의 실력자들인 브라치오와 스포르차의 용병을 포함한 다른 용병 세력들이 전면에 부상하게 되었습니다. 그리고 그들의 뒤를 이어 오늘날에 이르기까지 용병대를 지휘하는 다른 장군들이 나오게 되었습니다.

그들이 혁혁한 전공을 세운 결과, 이탈리아는 샤를 왕에게 공략당하고 루이 왕에게 약탈당했으며 페르난도 5세에게 유린당하고 스위스 인들에게도 수모를 당하게 되었습니다.

안이한 전쟁 수행

용병 대장들이 사용한 방법은 다음과 같습니다. 우선 그들은 자신들의 명성을 높이기 위해 보병을 등한시했습니다. 그들은 자신의 영토가 없기 때문에 고용되어야만

먹고살 수 있는데, 소수의 보병은 자신들의 지위를 높이는 데 도움이 되지 않고, 그렇다고 대규모의 보병을 유지할 자금도 없었기 때문에 등한시했던 것입니다. 그런 이유로 그들은 자신들의 지위를 유지하고 무엇인가 지위를 성취하는 데에 충분한 규모의 기병에만 의존했습니다. 그로 인해 2만 명 규모의 군대에서 보병은 2천 명도 되지 않는 사태에 이르게 되었습니다.

더 나아가 그들은 가능한 한 모든 수단을 동원하여 자신과 병사들에게 닥칠 고난과 위험을 줄이려고 했습니다. 그들은 전투에서 서로를 죽이지 않고 생포했으며 몸값을 요구하지도 않았습니다. 야간에는 도성을 공격하지 않았으며, 도성을 방어하던 용병들 역시 포위군에 대한 공격을 주저했습니다. 야영할 때도 그들은 방책을 쌓거나 외호를 만들어 방비하지 않았으며 겨울에는 전투를 하지 않았습니다.

이러한 관행들은 자신들의 고통과 위험을 피하기 위한 불문율로 허용되었습니다. 바로 용병 대장들이 이탈리아를 노예화하고 모진 수모를 겪게 한 것입니다.

제13장

군대의 종류와 특성: 원군, 혼성군, 자국군

원군으로부터 겪은 위험한 사례들

원군이란 당신이 외부의 강력한 통치자에게 도움을 청했을 때 그들이 도움을 주고자 파견한 군대입니다. 이것도 또한 용병처럼 쓸모없는 군대라고 말할 수 있습니다.

최근에 교황 율리우스는 자신의 용병부대가 페라라 전투에서 별다른 성과를 거두지 못하자 스페인의 왕 페르난도로 하여금 자신을 도울 군대를 파견하도록 요청했고 전쟁에 원군을 사용했습니다. 이러한 원군은 그 자체로는 유용하게 쓸모가 있을지 모릅니다. 하지만 원군은 요청하는 자에게 항상 해를 끼칩니다. 원군이 패배하게 되면 군주는 몰락하게 되고, 그들이 승리하게 되면 그들의 볼모가 되기 때문입니다.

고대의 역사 속에서도 수많은 사례를 찾아볼 수 있습니다. 그러나 저는 최근에 있었던 교황 율리우스 2세의 사례를 논하고자 합니다. 그의 결정은 너무나 성급했습니다. 그는 페라라를 얻기 위해 자신을 외국인의 손아귀에 완전히 내맡겼습니다.

하지만 운이 좋았던 그는 원군을 선택한 결과를 다른 식으로 감당하게 되었습니다. 그의 원군은 라벤나에서 패했지만, 율리우스 교황은 물론 모든 사람의 예상을 뒤엎고 스위스의 군대가 나타나서 정복자인 프랑스 군대를 몰아냈기 때문입니다. 그로 인해 교황은 패하고 도주해 버린 적군의 포로가 되지 않았고, 자신의 원군이 승리한 것이 아니었기 때문에 그들의 손아귀에 놓이는 상황에 빠지지도 않았습니다.

다른 예로 전혀 무장이 되어 있지 않았던 피렌체는 피사를 차지하기 위해 1만 명의 프랑스 병력을 끌어들였습니다. 이 정책으로 피렌체는 역사상 자신들이 겪었던 그 어떤 고난보다 더 위험한 시련을 맞이해야 했습니다.

마찬가지로 콘스탄티노플 황제는 동족인 그리스 세력과 싸우기 위해 1만 명의 투르크 병력을 유치했습니다. 하지만 전쟁이 끝난 후에도 투르크 군대는 돌아가려 하지 않았고, 그것은 그리스가 이교도의 지배에 놓이는 발단이 되었습니다.

원군으로는 진정한 승리를 얻을 수 없다

정복을 원치 않는 군주만이 원군을 이용해야 합니다. 원군은 용병보다 훨씬 더 위험하기 때문에 지원군을 끌어들이는 것은 파멸하는 것이나 다름없습니다.

원군은 이미 결속된 세력이며 요청한 군주가 아닌 다른 군주의 명령에만 복종합니다. 그렇지만 용병은 승리를 거둔 후에도 바로 자신들을 고용한 군주를 해치지 않습니다. 또 용병은 군주에 의해 보수를 받기 때문에 결속된 모습을 보이지 않습니다. 군주가 외부 인물을 그들의 지도자로 임명했다면 군주에게 해를 입힐 정도의 권위를 단시간 내에 구축할 수도 없습니다. 정리하자면, 용병은 그들의 비겁함이나 전투를 기피하는 태도에 문제와 위험성이 있고, 원군은 그들의 능숙함과 용기가 문제가 될 소지가 높습니다.

자신의 군대를 완벽하게 장악한 체사레 보르자

현명한 군주는 항상 다른 이의 군대를 쓰는 것을 피하고, 자신의 신민들로 구성된 군대를 양성합니다. 그들은 외국의 군대를 이용해 정복하는 것보다 차라리 자신의 군대로 패하는 것을 택합니다. 외국 군대를 이용해 얻는 승리는 진정한 승리가 아니라고 생각하기 때문입니다.

좋은 예로써, 저는 주저하지 않고 체사레 보르자의 업적을 추천합니다. 공작은 프랑스 병사만으로 구성된 원군을 끌어들여 로마냐를 침공했으며 그들과 함께 이몰라와

포를리를 점령했습니다. 그리고 뒤늦게 오르시니 파 및 비텔리 파의 용병을 기용했습니다. 용병이 덜 위험하다고 판단했기 때문입니다. 그러나 그들의 가치나 충성심이 의심스럽다고 판단되자, 그는 그들을 해체한 뒤에 자신의 사람들로 구성된 군대를 편성했습니다.

공작이 프랑스 군대를 사용했을 때와 군대를 사용했을 때 그리고 자신의 군대를 키워 군사적으로 자립했을 때 그가 누렸던 명성을 비교해보면 차이가 명백히 드러납니다. 그가 자신의 군대를 완벽히 장악하고 있음을 보였을 때 명성이 드높았고 그 어느 때보다 존경을 받았습니다.

히에론과 다윗

저는 이탈리아에서 최근에 일어났던 사례들만 인용하려 했지만, 시라쿠사의 히에론은 앞에서 이미 언급했기 때문에 그 일화를 빼놓을 수가 없습니다.

시라쿠사인들이 히에론을 군대의 장군으로 임명한 후,

그는 그 용병들이 우리 이탈리아의 용병과 비슷한 부류의 쓸모없는 부대라는 것을 즉각 깨달았습니다. 그리고 그는 그 부대를 유지할 수도 해체할 수도 없었으므로 그들을 모두 참살했습니다. 그러고 나서 그는 외국군의 지원 없이 자기 자신의 병력만으로 전쟁을 수행했습니다.

저는 또한 이러한 문제에 적용할 수 있는 적절한 예를 구약성서(열왕기상)에서 살펴보고자 합니다. 다윗이 팔레스타인의 용사 골리앗과 싸우겠다고 했을 때 사울은 용기를 주기 위해 다윗에게 자신의 무기와 갑옷을 내주었습니다. 그러나 그것을 한 번 사용해본 다윗은 제대로 사용할 수 없었기 때문에 자신의 투석기와 단검으로 상대하겠다면서 사양했습니다. 간단히 말하자면, 남이 쓰던 무기와 갑옷은 자신에게 잘 맞지 않거나 부담이 되어 움직임을 제약할 뿐입니다.

용병을 쓰면서 프랑스가 저지른 어리석음

루이 11세의 부친인 샤를 7세는 자신의 행운과 용맹을 이용하여 프랑스를 영국으로부터 해방시킨 후, 자신의 군대를 육성할 필요가 있다는 것을 깨닫게 되었습니다. 그래서 그는 기병과 보병을 징병하는 법령을 확립했습니다. 그러나 훗날 그의 아들 루이 왕은 보병을 폐지하고 스위스 군을 고용했습니다.

이 커다란 실수는 지금에 와서 명백해진 또 다른 실수들과 결합되어 프랑스 왕국을 현재와 같은 위기 상황으로 몰아넣었습니다. 스위스 군의 입지를 강화시킨 결과, 그는 나머지 군대의 사기를 떨어뜨렸습니다. 왜냐하면 그는 기존의 보병을 해체하고 그의 기병을 외국 군에 의존했기 때문입니다. 결국 스위스 보병과 연합하여 싸우는 데 익숙해진 기병들은 그들 없이는 정복도 할 수 없다고 생각하는 지경에 이르렀습니다. 그래서 프랑스 군은 스위스 군보다 열등한 위치에 놓이게 되었고, 스위스 군 없이는 적 앞에 허약한 모습으로 나타나게 되었습니다.

이처럼 프랑스 군대는 용병과 자국군이 섞여 있는 혼성군이 되었습니다. 혼성군은 순수한 원군이나 용병 부대보다는 장점이 있기는 하지만 순수한 자국군에는 비할 바가 못 됩니다.

만약 샤를 왕이 제정해 놓은 모병제를 발전시켰거나 적어도 그대로 유지만이라도 했었다면 프랑스 왕국은 무적이 되었을 겁니다. 그러나 인간은 판단력이나 선견지명이 부족하기 때문에 정책 속에 감추어져 있는 강한 독성, 숨겨진 결함을 구분해내지 못하고 실행에 옮깁니다. 독성이 퍼지기 전인 초기 단계에 그것을 간파하지 못하는 군주는 현명하다고 말할 수 없습니다. 이러한 재능은 소수만이 갖추고 있을 뿐입니다.

로마 제국이 쇠퇴하게 된 초기 원인을 검토해보면, 고트 족을 용병으로 활용하면서 비롯되었다는 것을 발견할 수 있습니다. 왜냐하면 그 정책이 로마 제국의 힘을 약화시켰고 제국 안에서 유출된 모든 활력을 고트 족이 흡수했던 것입니다.

자신의 군대가 없는 군주는 결코 안전하지 못하다

결론적으로 자기 군대가 없으면 어떤 군주국이든 절대 안전할 수 없습니다. 오히려 위기가 닥쳤을 때 자신을 방어할 힘이 없기 때문에 오직 행운에만 의존해야 합니다. '자신의 힘에 기반을 두지 않는 권력의 명성만큼 취약하고 불안정한 것은 없다'는 것이 현명한 사람들의 판단이며 믿음입니다. 여기서 자기 군대란 자신이 통치하는 국가의 신민 혹은 부하로 구성된 군대를 말하는 것이며, 그 외의 모든 경우는 용병이거나 원군입니다.

자신만의 무력을 조직하는 올바른 방법에 대해서는 체사레 보르자, 히에론, 샤를 7세 및 다윗의 경우를 검토하면 얻어낼 수 있습니다. 또한 알렉산더 대왕의 부친인 필리포스를 비롯한 다른 통치자들이 자신들의 국가를 무장하고 조직한 방법을 이해하면 쉽게 알아낼 수 있습니다.

제14장

군주는 군사(軍事)에 관해서
어떻게 처신해야 하는가

전쟁은 군주의 직업이다

군주는 전쟁, 전술 및 군사 훈련 외에는 그 밖의 다른 일을 목표로 삼거나 관심을 가져서는 안 됩니다. 전쟁과 관련된 것이야말로 통치자에게 걸맞은 유일한 일입니다. 이러한 일은 세습 군주로 하여금 그 지위를 보존할 수 있도록 해줄 뿐만 아니라 종종 일개 신민을 군주로 만들 만큼 효과적입니다.

만약에 군주가 군대와 관련된 일보다 사치스러운 일에 더 몰두하게 되면 그 지위를 잃게 될 수 있습니다. 다른 일에 몰두하느라 군사를 소홀히 하면 군사를 잃게 되고 결국 권력마저 잃게 되기 때문입니다.

프란체스코 스포르차는 무력을 가졌기 때문에 신민에서 밀라노의 군주가 되었습니다. 반면에 그의 두 아들은 무력을 소홀히 하여 군주의 지위에서 다시 신민으로 전락했습니다.

군주는 다른 어떤 나쁜 요인들보다 무력을 제대로 갖추지 못했을 때 모든 이로부터 경멸당합니다. 이러한 상황은 군주 스스로 경계해야 하는 수치스러운 일 중 하나입니다. 무력을 갖춘 자와 그렇지 못한 자 사이에는 엄청난 차이가 존재합니다. 무력을 갖추고 있는 자가 그렇지 못한 자에게 복종하거나, 무력을 갖지 못한 자가 무력을 갖춘 자들 사이에서 안전하기를 기대할 수는 없습니다. 무력이 없는 자는 줄곧 의심을 품고 상대를 두려워할 것이며, 무력을 갖춘 자는 줄곧 그를 경멸할 것이기 때문입니다. 결국 그들은 함께 어떤 일도 무사히 해결해 나갈 수가 없습니다.

이미 언급한 불리한 점 외에도 군사 업무에 정통하지

못한 군주는 자신의 병사들로부터 존경받지 못하게 될 것이며, 그도 또한 그들을 신뢰하지 못하게 됩니다.

전쟁을 위한 훈련으로서의 사냥

군주는 전시가 아니더라도, 평화로울 때라도 항상 군사(軍事)에 관심을 가져야 합니다. 그러기 위해서는 두 가지 방법이 있는데, 그 하나는 실제 훈련을 하는 것이고 다른 하나는 연구를 하는 것입니다.

연구에 관하여 말하자면 군대의 기강을 잡고 훈련시키는 것 외에도 군주는 평소에 자주 사냥을 떠나 신체를 단련하고 동시에 근방의 지형을 익혀야 합니다. 즉, 강과 늪의 특징은 물론이고 산은 어떻게 솟아 있고 계곡은 어떻게 흐르며 평원은 어떻게 펼쳐져 있는가를 알고 있어야만 합니다.

이러한 실질적인 지식들은 두 가지 면에서 매우 유용합니다. 첫째, 자신이 다스리고 있는 국가에 대해 잘 알게 되므로 어떻게 방어해야 할 것인지를 더욱 확연히 알 수 있습니다. 둘째, 지형에 대한 지식과 경험을 바탕으로 군주는 처음으로 마주치게 되는 지역의 지형에 대해서도 쉽게 파악할 수 있게 됩니다.

예를 들어 토스카나에 있는 언덕과 골짜기, 평원, 강 그리고 늪지는 여러 가지 면에서 다른 지역에서 발견되는 것들과 비슷합니다. 그러므로 어떤 지역의 지형을 잘 파악하고 있으면 다른 지역의 지형도 금방 파악할 수 있습니다.

이러한 지형 지식이 없는 군주는 장군이 갖추어야 할 자질을 갖추지 못한 자입니다. 왜냐하면 군주는 그러한 지식을 전쟁에 유리한 방법으로 사용하여 승리를 거머쥘 수 있게 만들기 때문입니다. 군주는 적을 추적하고, 적절한 주둔지를 물색하고, 군대를 이끌고 나아가 진격시키고, 전투를 준비하며, 요새나 요새화된 도시를 포위하는 능력을 갖추어야 합니다.

역사가들이 아카이아의 군주였던 필로포이멘에게 찬사를 보냈던 이유가 있습니다. 바로 그는 평화로운 시기에도 언제나 전쟁 수행 방법에 대해 생각했기 때문입니다. 그는 측근들과 야외에 나갈 때도 종종 발걸음을 멈추고 다음과 같은 질문을 던지곤 했습니다.

"적군이 저 언덕 위에 있고 우리 군대는 이곳에 있다면 누가 더 유리할 것인가? 우리가 대형을 흐트러뜨리지 않으면서 공격할 수 있을까? 만약 우리 군이 퇴각하려면 어떻게 해야 하는가? 만약 적군이 퇴각한다면 어떻게 추격해야 하는가?"

그는 그들에게 자신의 군대가 처할 수 있는 모든 상황을 이야기하고는 했습니다. 그들의 의견을 듣고는 나름대로의 이유를 제시하며 자신의 의견을 밝혔습니다. 이러한 지속적인 토론이 있었기 때문에 그는 자신의 군대를 이끌 때, 어떤 위기도 극복할 수 있었습니다.

과거의 위대한 인물을 모방한 군주들

군주는 역사서를 읽어야 합니다. 그리고 그중에서도 위대한 인물들의 행적을 연구하기 위해서 노력해야 합니다.

그들이 전쟁을 지도한 방법을 책을 통해 터득하고, 실패를 피하면서 성공을 이루기 위해 그들의 승리와 실패의 원인을 검토해야 합니다.

무엇보다도 우선 위대한 인물들을 모방해야 합니다. 과거의 위대한 인물들도 뛰어난 능력으로 찬양받을 만한 그들의 선임자들을 모방하려고 했습니다. 알렉산더 대왕은 아킬레우스를 모방했으며, 카이사르는 알렉산더 대왕을 모방했고, 스키피오는 키루스를 모방했습니다. 크세노폰이 기록한 아나바시스(Anabasis)를 읽어본 사람이라면 누구나 스키피오가 그러한 모방으로 인해 영광된 삶을 맞이했음을 알 수 있을 것입니다. 그리고 스키피오의 성적인 절제, 선의 인간미, 관대함이 얼마나 많이 키루스의 성품을 모방함으로써 얻게 된 것인지를 알게 될 것입니다.

현명한 군주는 언제나 이와 같이 행동하며 평화로운 시기라 해도 게으름을 피우지 않고 배움을 지속하여 자신의 능력을 발전시켜 역경에 처했을 때를 대비합니다. 그렇게 하면 운명이 변하게 될지라도 그는 다가오는 운명을 견딜 수 있게 될 것입니다.

제15장

군주의 성품:
군주가 칭찬받거나 비난받는 일들

윤리적인 공상과 엄연한 현실

이제 군주가 자신의 신민들과 동맹 관계에 있는 사람들에게 어떤 식으로 행동해야 되는지에 대해 논의하겠습니다. 저는 많은 사람이 이 문제에 관한 글들을 남겼다는 것을 잘 알고 있습니다. 제가 말하고자 하는 바가 그들이 제안한 원칙과 크게 다르기 때문에 혹시 무례하다고 여기시지 않을까 하는 걱정이 앞서기도 합니다.

하지만 이 문제를 논의하여 이를 받아들일 수 있는 모든 사람에게 도움이 되고자 하는 것이 저의 의도이기 때문에, 이론이나 사변보다는 사물의 본질적인 면을 추구하는 것이 낫다고 생각합니다. 왜냐하면 그동안 사람들은 현실에서 결코 존재한 적이 없는 공화국이나 군주국을 상상해 왔기 때문입니다.

그러나 '인간이 어떻게 사는가?'와 '인간이 어떻게 살아야만 하는가?'는 분명히 다른 문제입니다. 그래서 일반적으로 해야만 되는 일을 등한시하는 군주는 권력을 보존하기보다는 잃게 되기가 십상입니다. 그리고 언제나 선하게 행동해야 한다고 주장하는 무자비한 사람들에게 둘러싸여 있는 자도 곧 무너질 것입니다. 따라서 자신의 지위를 유지하고자 하는 군주는 필요하다면 부도덕하게 행동할 태세가 되어 있어야 합니다.

칭찬과 비난을 받을 만한 덕과 악덕

군주의 처신에 따라 현실에서 일어나는 일들에 대해 논의하겠습니다. 다른 이들보다 높은 지위에 있는 군주들을 논할 때, 그들은 다음과 같은 성품이 있다고 칭송받거나 비난받게 됩니다. 보통 어떤 사람은 인심이 후하고, 다른 어떤 사람은 인색하다는 평을 받습니다. 즉, 잘 베푸는 사람과 탐욕적인 사람, 잔인한 사람과 자비로운 사람, 신의가 없는 사람과 충직한 사람, 진지한 사람과 경솔한 사람, 음탕한 사람과 정결한 사람, 여성적이고 나약한 사람과 단호하고 기백이 있는 사람, 친절한 사람과 오만한 사람, 강직한 사람과 교활한 사람, 까다로운 사람과 편안한 사람, 신앙심이 있는 사람과 믿음이 없는 사람 등과 같은 평가를 받게 됩니다.

군주가 앞에서 언급한 것 중에서 좋다고 여겨지는 성품을 모두 갖추고 있다면 그야말로 가장 바람직한 일이고 모든 사람이 군주를 기꺼이 인정할 것입니다. 그러나 인간이 이러한 성품을 모두 갖춘다는 것은 가능하지도 않고, 상황이라는 것은 또 언제나 변할 수 있습니다. 그래서 신중한 사람이라면 자신의 권력 기반을 파괴할 법한 악덕으로 악명을 떨치는 것을 피하고, 정치적으로 위험을 초래하지 않는 악덕들까지도 가급적이면 피하도록 노력해야 합니다.

만약 그렇게 할 수 없다 하더라도 악덕에 대해 과도하게 걱정할 필요는 없습니다. 더 나아가 그러한 악덕 없이 자신의 지위를 유지할 수가 없다면 그로 인해 발생하는 나쁜 평판에 대해서는 개의치 말아야 합니다. 왜냐하면 모든 것을 신중히 따져볼 때, 얼핏 미덕으로 보이는 어떤 일을 했는데도 파멸이 도래하는가 하면, 악덕으로 보이는 일을 했음에도 결과적으로 자신의 입장을 강화시키고 번영을 가져오는 경우가 있기 때문입니다.

제16장

군주의 성품:
관대함과 인색함

관대함이라는 평판에 따르는 위험

군주가 가져야 할 성품 중에서 첫 번째로 언급할 만한 것은 관대함입니다. 저는 군주가 관대한 것이 바람직한 일이라고 여기지만, 관대한 행동을 통해 좋은 평판이 생기지 않는다면 그것은 오히려 군주에게 해롭다고 주장하겠습니다. 만약 덕을 문자 그대로만 실천한다면 그것은 알려지지 않을 수 있고, 도리어 악덕(인색함)을 실천한다는 비난을 받을 수도 있기 때문입니다.

관대하다는 평판을 얻고자 한다면 사치스럽고 과시적

으로 돈을 써야 합니다. 그러나 그러다 보면 불가피하게 자신이 지니고 있는 모든 자원을 자기 과시를 위해 다 소모해 버리게 될 수 있습니다. 계속해서 관대하다는 명성을 유지하고 싶어 하는 군주는 결국에는 과도한 세금과 자금 축적을 위한 모든 수단을 다 동원하여 신민들에게 부담을 주게 될 것입니다. 그리고 이로 인해 군주는 신민들에게 미움을 받게 됩니다. 결국 군주가 가난해지면 어느 누구 하나도 그를 거들떠보지도 않게 될 것입니다.

자신의 관대함으로 인해 피해를 입는 사람은 많고, 이익을 얻는 사람은 거의 없기 때문에 군주는 사소한 곤경에 처해도 흔들리고 작은 위험만으로도 위기를 겪을 것입니다. 또한 이 점을 깨달은 군주가 처신을 바꾸어 버린다면, 즉시 인색하다는 비난을 받게 될 것입니다.

검약이 진정한 관대함이다

군주는 해를 입지 않으면서 관대함이라는 미덕을 정직

하게 실천하는 것은 불가능합니다. 그가 사려 깊은 사람이라면 인색하다는 평판을 얻어도 크게 마음 쓰지 않고 절약하는 생활을 할 것입니다. 그리고 시간이 지나며 사람들은 그에게서 점점 더 관대하다는 인상을 받을 것입니다. 왜냐하면 군주가 그동안 근검절약한 덕분에 그의 수입만으로도 생활하기에 충분하고, 도전해 오는 무리들로부터 자신을 보호할 수 있을 뿐만 아니라 신민들에게 과도한 부담을 안기지 않기 때문입니다. 그래서 신민들은 군주로부터 착취당하지 않고 자신의 과업을 수행하여 재산을 보존할 수 있다는 사실을 깨닫게 됩니다. 그리고 군주에게 관대하다는 평판을 하게 됩니다. 하지만 아무것도 주지 않은 소수의 사람들로부터는 인색하다는 평을 듣게 됩니다.

우리 시대에 위대한 업적을 남긴 사람은 모두 인색하다는 평판을 들었습니다. 그렇지 않은 사람들은 실패했습니다. 교황 율리우스 2세는 교황의 자리에 오르기 위해 관대하다는 평판을 키웠습니다. 그러나 교황이 된 후에 그는 전쟁을 준비하기 위해 더 이상 그러한 평판을 유지하려고 애쓰지 않았습니다. 지금의 프랑스 왕(루이 12세)은 오랫동안 검소한 생활을 통해 추가되는 전쟁 경비를 충당할 수 있었습니다. 그래서 신민들에게 특별세를 부과하지 않고 많은 전쟁을 수행했습니다. 만약 지금의 스페인 왕이 관대하다는 평을 받고 있었다면 그토록 많은 전투를 성공적으로 수행하지 못했을 것입니다.

오직 다른 나라 신민의 재산으로 넉넉하게 써라

현명한 군주는 신민들의 재산을 빼앗지 않기 위해, 자신을 지키기 위해, 가난하여 멸시당하지 않기 위해 그리고 탐욕적으로 변하지 않기 위해 인색하다는 평판을 듣는 것을 대수롭지 않게 생각합니다. 인색함이야말로 그로 하여금 통치를 할 수 있게 하는 악덕 중의 한 가지이기 때문입니다.

카이사르는 관대함을 통해 권력을 얻었습니다. 그리고 그 외의 많은 다른 사람들 역시 관대했거나 관대하다는 평판을 받았기 때문에 높은 지위에 올랐다고 반박하는 사람이 있을 수 있습니다. 저는 그것에 대해서 이미 군주가 된 경우와 군주가 되려고 노력하는 과정에 있는 경우에 따라 다르다고 대답할 것입니다. 전자의 경우에 관대한 것은 해로우며, 후자의 경우엔 관대하다는 평이 매우 필요합니다.

카이사르는 로마에서 권력을 추구하던 사람 중 한 명이었습니다. 그러나 군주가 된 이후에 씀씀이를 절제하지 않았다면 권력을 잃고 말았을 것입니다.

만약 관대하다는 평을 받았던 군주들이 자신의 군대를 거느리면서 위대한 업적을 남긴 경우가 많았다고 다시 반박하는 사람이 있다면, 저는 군주가 신민들의 재산을 쓰는 경우와 타인의 재산을 쓰는 경우와는 서로 다르다고 대답할 것입니다.

자신과 신민들의 재산을 쓰는 경우라면 인색해야 하며, 타인의 재산을 쓰는 경우라면 자신의 관대함을 드러내는 데에 주저함이 없어야 합니다. 군주는 전리품, 약탈품, 포로의 배상금 등 타인의 재물을 통해 자신의 군대를 이끌어가고 유지해야 하므로 넉넉한 씀씀이가 필요합니다. 그렇지 않으면 병사들이 따르지 않을 것이기 때문입니다.

군주는 키루스, 카이사르 그리고 알렉산더가 그랬던 것처럼 자신이나 신민들의 것이 아닌 재물로는 마음껏 베풀어도 됩니다. 타인에게서 얻어낸 걸 후하게 주는 것은 결코 군주의 평판을 떨어뜨리지 않고 오히려 드높이기 때문입니다. 자신의 재산을 함부로 주는 경우만이 군주에게 해악을 끼칩니다.

관대함은 자기 소모적이다

관대함만큼 자기 소모적인 것은 없습니다. 관대함을 실천하고 그것을 지속하게 되면 결국에는 실행할 능력을 잃게 됩니다. 군주는 점점 더 가난해지거나 경멸당할 것입니다. 혹은 가난을 피하기 위해 탐욕적이 되어 미움을 받게 될 것입니다. 군주는 다른 그 무엇보다 경멸이나 미움을 받게 되는 것을 경계해야 하는데, 관대함은 군주를 이

두 가지 길로 이끌어갈 것입니다.

절약을 하면 비난은 받겠지만 미움이 섞이지 않은 인색하다는 평판을 얻을 테니 그 편이 더욱 현명한 방책입니다. 관대하다고 생각되기 위해 비난은 물론 미움까지 받으며 탐욕스럽다는 평판을 얻게 되는 것보다는 그 편이 더 낫습니다.

제17장

군주의 성품:
잔인함과 인자함, 그리고
사랑받는 것과 두려움의 대상이 되는 것

현명한 잔인함은 진정한 자비이다

저의 판단으로 볼 때, 모든 군주는 잔인하다보다는 인자하다고 여겨지기를 바라야 합니다. 그리고 인자함이 잘못 사용되지 않도록 주의해야 합니다.

체사레 보르자는 잔인하다는 평을 들었지만, 그의 혹독함에 의해 로마냐의 질서는 회복되고 통일됐으며, 평화롭게 바뀌었습니다. 가혹하다는 평판을 피하기 위해 피스토이아의 붕괴를 방치해 둔 피렌체인들보다 그가 훨씬 더 자비로웠습니다.

군주는 자신의 신민들을 통일시키고 그들이 충성을 바치도록 하는 과정에서 잔혹하다는 비난을 받더라도 마음이 흔들려서는 안 됩니다. 만약 도에 넘친 인자함을 보이게 되면 끝없는 혼란 상태가 지속될 가능성이 높습니다. 혼란 속에서 신민들로 하여금 약탈과 파괴를 야기하는 군주보다는 가끔 가혹한 행위를 하는 군주가 훨씬 더 진정한 의미로서 자비로운 군주일 수 있습니다. 다시 말하자면, 도에 넘친 인자함은 모든 사람에게 해를 끼치지만, 군주의 명령에 의한 처형은 특정 개인에게만 해를 끼칠 뿐입니다.

신생국의 군주는 잔인하다는 평판을 듣는 것이 불가피합니다. 신생국에는 사방에 군주에게 위협을 가하는 위기가 도사리고 있기 때문입니다. 베르길리우스는 디도의 입을 빌어 자신의 통치가 가혹했던 것에 대해 다음과 같이 변명했습니다.

나의 뜻, 나의 운명과는 어긋나게도
왕관은 불안하고 창업은 일천(日淺)하구나.

내 나라의 어렵고 낯선 환경은

나로 하여금 그런 일을 하게 하네.

내 영토의 곳곳을 살필지니라.

사랑받는 것보다 두려움의 대상이 되는 것이
더 안전하다

잔인하다는 평을 받는 동시에 군주는 믿음을 갖고 실천하는 것에 주의를 기울여야 합니다. 그리고 자신을 두려운 존재로 만들어서도 안 됩니다. 군주는 신중함과 자비가 적절히 배분된 태도로 처신해야 합니다. 그렇게 하면서 지나친 확신으로 경솔해지거나 지나친 의심으로 자신을 감당할 수 없도록 만들어서도 안 됩니다.

그런데 바로 여기에서 한 가지 의문이 제기됩니다. 바로 '사랑받는 것과 두려움의 대상이 되는 것 중 어느 것이 더 좋은가?'입니다.

군주는 사랑도 받고 두려움의 대상도 되는 것이 바람

직하다고 생각합니다. 하지만 두 가지를 조화시키는 것은 어려운 일입니다. 그래서 하나를 선택해야 한다면, 사랑을 받는 것보다 두려움의 대상이 되는 것이 군주를 안정시켜준다는 점을 강조하고자 합니다.

일반적으로 인간은 변덕스럽고 위선적이며 비겁하고 탐욕스럽기 때문에 군주가 자신들에게 이익이 되는 한 그들은 모두 군주의 편입니다. 앞서 말한 것처럼 그들은 위험이 닥치지 않았을 때는 군주를 위해 피 흘리고 재산과 생명을 내놓으며 자식마저도 바칩니다.

그러나 그것은 군주에게 그런 것들이 필요하지 않게 보일 때만 낭만적으로 보이지 막상 군주에게 절체절명의 위기가 닥치면 그들은 이내 곧 배신하게 됩니다. 그러므로 전적으로 그들과의 약속을 권력의 기반으로 삼고 나서 다른 방비책을 마련해 두지 않은 군주는 멸망합니다. 진심을 통해 얻어낸 우정이 아닌 이상 돈으로 얻게 된 우정은 가졌다고 뽐낼 만한 것이 못되며, 막상 그 우정이 필요할 때는 그것을 얻을 수 없습니다.

인간은 사랑하는 자를 해칠 때보다 두려워하는 자를

해칠 때 더 주저합니다. 왜냐하면 인간은 지나치게 이해타산적이어서 자신들의 이익을 위해서라면 언제라도 사랑이라는 의무감을 내려놓고 자기를 사랑한 자를 버리기 때문입니다. 그러나 두려움은 처벌에 대한 공포에 의해 유지되므로 언제든지 효과가 있습니다.

미움을 피하는 방법

군주는 자신이 사랑받지 못한다 해도 미움받지 않으면서 자기를 두려워하도록 만들어야 합니다. 미움받지 않고 두려움의 대상이 되는 것은 의외로 간단합니다. 군주가 신민과 신하들의 재산과 부녀자들에게 손을 대지 않는다면 항상 두려운 상태를 유지할 수 있습니다. 누군가를 처형해야 한다면 적절한 명분과 명백한 이유가 있을 때만 집행해야 합니다.

그리고 무엇보다 타인의 재산에 손을 대서는 안 됩니다. 인간은 부모를 죽인 원수는 쉽게 잊어도 물려받은 유산을 빼앗아간 사람은 좀처럼 잊지 못합니다. 게다가 남의 재산을 빼앗을 명분은 계속해서 만들어낼 수 있습니다. 그렇기 때문에 약탈을 일삼는 사람은 언제라도 타인의 재산을 빼앗기 위한 핑계를 찾아낼 수 있습니다. 반면에 목숨을 빼앗아야 할 이유는 훨씬 더 드물고 덧없는 것입니다.

장군은 잔인해야 한다

군주는 자신의 군대를 통솔하고 많은 병력을 지휘하고 있을 때, 잔혹하다는 세간의 평가를 신경 쓸 필요가 없습니다. 왜냐하면 잔혹하다는 평판을 듣지 않고는 군대를 통합할 수 없으며 전투에 대한 준비도 시킬 수 없기 때문입니다.

한니발의 뛰어난 공적 중 특히 주목할 만한 사실은 그가 비록 여러 나라에서 선발된 군인을 거느리고 외국 땅에서 전투를 치렀지만 전황이 유리할 때나 불리할 때나 상관없이 군 내부에서는 물론 장군들 사이에서도 사소한 분란조차 일어나지 않았다는 점입니다. 그런 사실은 그의 다양하고 훌륭한 능력과 더불어 그의 부하들로 하여금 항상 존경하고 두려워하도록 만든 비인간적인 잔혹함에 의해서만 설명될 수 있습니다. 그리고 그에게 그런 잔혹함이 없었다면, 그가 지닌 다른 능력들만으로는 위대한 성과를 거두지 못했을 것입니다.

이러한 면모를 간과한 근시안적인 역사 저술가들은 그의 공적들에 대해 찬사를 늘어놓으면서도 한편으론 그러한 공적들의 주요한 원인인 그의 성품을 비난하는 어리석은 짓을 범하고 있습니다.

너무나 관대했던 스키피오

스키피오의 경험을 통해서 한니발이 잔혹함 이외의 다른 능력으로는 위대한 성취를 이루지 못했을 것이라는 점을 알 수 있습니다. 그는 당대에는 물론 후대에도 매우 훌

릉한 인물로 평가받았습니다. 하지만 그가 이끌던 군대는 스페인에서 그에게 반란을 일으켰습니다. 이는 스키피오가 자신이 병사들에게 군사적 규율을 유지하는 데 필요한 것보다도 더 많은 자유를 허용했던 것이 문제였습니다.

그래서 그는 원로원에서 파비우스 막시무스로부터 로마 군을 타락시킨 장본인이라는 비난을 받았습니다. 그가 임명한 지방 장관에 의해 로크리 지방이 약탈당했을 때, 그는 그곳 신민들의 원성을 들어주지 않았습니다. 게다가 그 지방 장관의 오만방자함에도 불구하고 그를 처벌하지 않았습니다.

이러한 모든 일은 스키피오가 너무 관대했기 때문이었습니다. 원로원에서는 그를 사면하자고 했습니다. 그때 그를 두둔했던 인물은 스키피오와 마찬가지로 남의 비행을 처벌하는 것보다 자신이 그러한 비행을 저지르지 않는다는 점을 강조하는 자였습니다.

만약 그의 군대 지휘방식이 견제받지 않고 그대로 유지되었다면 스키피오의 명성과 영광은 빛이 바랬을 것입니다. 그러나 원로원의 명령에 의해서 통제를 받았기 때문에 스키피오는 자신에게 해가 되는 관대한 성품을 드러내지 않았고, 명성에 걸맞은 영광을 얻을 수 있었습니다.

　사랑받는 것과 두려움의 대상이 되는 것의 문제로 되돌아가면, 저는 인간이란 자신의 선택의 여하에 따라 사랑하지만, 군주의 선택 여하에 따라 두려움을 품게 된다고 생각합니다. 그래서 현명한 군주라면 타인의 선택보다는 자신의 선택에 더 의존해야 합니다. 다만 앞에서 언급했던 것처럼 미움받는 일만큼은 피하도록 해야 합니다.

제18장

군주의 성품:
신의, 군주는 어떻게 약속을 지켜야 하는가

술책이 진실을 이긴다

군주가 남을 속이지 않고 정직하게 자신이 했던 약속을 지키며 행동하는 것이야말로 찬양받을 일입니다. 그런데도 우리 시대에 위대한 업적을 이룬 군주들은 약속을 그다지 중요하게 여기지 않았습니다. 또한 기만을 통해 사람들의 혼을 빼놓는 데 능숙한 인물이었습니다. 그들은 결국 신의를 지키는 자들과의 싸움에서 항상 승리를 거두었습니다.

군주는 동물로서 그리고 인간으로서 싸워야 한다

싸움에는 두 가지 방법이 있다는 점을 알아야 할 필요가 있습니다. 그중 한 가지는 법률에 의거한 것이며, 다른 한 가지는 힘에 의거한 것입니다.

첫 번째 방법은 인간에게 합당한 것이고, 두 번째 방법은 짐승에게 합당한 것입니다. 그러나 첫 번째 방법만으로는 다양한 상황을 이겨내기에 충분하지 않기 때문에 두 번째 방법에 의존할 줄도 알아야 합니다. 따라서 군주는 짐승을 모방하는 방법도 알고 있어야 합니다.

고대 저술가들은 이러한 전략을 군주들에게 비유적으로 가르쳤습니다. 아킬레스를 비롯한 고대의 많은 군주들이 반인반수(半人半獸)인 카이론에게 맡겨져 양육되었고 교육받았단 이야기를 전했습니다. 반인반수를 스승으로 모셨다는 것은 군주가 이러한 두 가지 성품을 갖춰야 한다는 것을, 그중 어느 한 가지도 갖추지 못하면 그 지위를 오래 보전할 수 없다는 것을 의미합니다.

여우와 사자

군주는 짐승처럼 행동하는 법을 알아야 하며 짐승들 중에서도 여우와 사자, 두 동물의 성품을 각각 모방해야 합니다. 왜냐하면 사자는 지략에 의해 함정에 빠지기 쉽고, 여우는 힘으로 늑대를 물리칠 수 없기 때문입니다. 따라서 함정을 알아차리기 위해서는 여우가 될 필요가 있고, 늑대를 혼내 주려면 사자가 될 필요가 있습니다. 단순히 사자의 힘에만 의지하는 군주는 모든 일의 본질을 제대로 이해하지 못합니다.

현명한 통치자는 약속을 지키는 것이 자신에게 불리해지거나 약속을 만들었던 이유가 사라졌을 때, 그 약속을 유지하거나 지키면 안 됩니다. 만약 모든 인간이 선하다면 지금 말하는 교훈은 온당하지 않을 것입니다. 그러나 인간이란 신의가 없고 군주에게 했던 약속들을 지키려고 하지 않기 때문에 군주 역시 그들과 했던 약속들을 지킬 필요가 없습니다.

또한 군주는 약속을 지키지 못하는 것에 대한 그럴듯

한 이유를 언제나 만들어낼 수 있습니다. 최근에 수많은 협정과 평화 조약이 신의 없는 군주들로 인해 파기되고 무효화되었습니다. 그런데 그중 여우의 기질을 잘 활용한 군주들이 가장 확실한 성공을 거두었습니다.

군주는 여우다운 기질을 교묘하게 감추는 방법을 알고 있어야 합니다. 때로는 가장 위선적이어야 하며 거짓말을 능숙하게 할 필요가 있습니다. 인간은 매우 단순하여 눈 앞에 나타나는 필요에 따라 쉽게 움직입니다. 그렇기 때문에 능수능란한 기만자는 언제라도 속을 수 있는 사람을 찾아낼 수 있습니다.

거짓 맹세를 했던 알렉산데르 6세

최근 사례 중 하나를 인용하겠습니다. 교황 알렉산데르 6세는 항상 사람을 속이는 일만 생각했으며 사람들이 언제나 속아 넘어간다는 것을 알아챘습니다. 그래서 알렉산데르는 모든 일을 강력하고 확신에 찬 서약으로 약속

했지만 나중에는 그 약속을 지키지 않았습니다. 그런데도 그는 인간의 단순한 성품을 잘 활용했기 때문에 그의 기만은 항상 성공을 거두었습니다.

필요하다면 군주는 전통적인 윤리를 포기해야 한다

군주는 앞에서 언급한 모든 성품을 실제로 구비할 필요는 없습니다. 하지만 구비한 것처럼 보이는 것은 꼭 필요합니다. 저는 군주가 모든 성품을 갖추고 늘 가꾸는 것은 해롭다고 생각합니다. 그러나 갖추고 있는 것처럼 보이는 것은 매우 이롭다고 감히 생각합니다.

대체로 관대하고 신의가 있으며 인간적이고 정직하며 신앙심이 있는 것처럼 보이는 것이 좋으며 또한 실제로 그런 것도 좋습니다. 그러나 그러한 성품을 보이지 말아야 할 필요가 있을 때는 정반대의 행동을 취할 수 있는 태세가 되어 있어야 합니다. 그리고 실제로도 그렇게 할 수 있어야 합니다.

특히 신생 군주는 사람들이 바라고 좋다고 여기는 방법으로 처신할 수 없다는 점을 분명히 이해해야 합니다. 왜냐하면 자신의 지위를 유지하기 위해 그는 종종 신의 없이 약속을 어겨야 하고, 비인도적으로 행동하고, 종교의 계율을 무시하도록 강요당하기 때문입니다.

군주는 운명의 방향과 자신에게 닥쳐오는 상황의 변화에 맞추어 자신의 행동을 그것에 맞추어 자유자재로 바꿀 수 있는 태세를 갖춰야 합니다. 제가 앞에서 언급했듯이 가능하다면 올바른 행동으로부터 벗어나지 말아야 하겠지만 필요하다면 비행도 저지를 수 있어야 합니다.

다수의 사람들은 외양으로 판단한다

현명한 군주는 자신의 입을 통해 나오는 모든 말의 의미들이 앞서 언급한 다섯 가지 성품으로 가득 차 있도록 유의해야 합니다. 군주를 바라보고 이야기를 듣는 사람들에게 그는 지극히 자비롭고 신의가 있으며 정직하고 인간적이며 신앙심이 깊은 것처럼 보여야 합니다. 또한 이러한 성품 중에서도 특히, 신앙심이 깊은 것처럼 보이는 것이 가장 필요합니다.

사람들은 대부분 손으로 만져 보고 판단하기보다는 눈으로 보고 판단하려고 합니다. 대다수의 사람들은 군주를 보이는 대로 볼 수 있을 뿐이며, 소수만이 군주의 진면목을 직접 경험할 수 있습니다. 그러한 소수의 사람들은 군주의 위엄에 의해서 유지되는 대다수의 견해에 감히 반대하지 못합니다. 사람들은 공정한 중개인이 없을 경우, 인간의 모든 행동, 특히 군주의 행동에 대해서는 결과만 주목합니다.

그렇기 때문에 군주가 전쟁을 수행해서 국가를 유지할 수 있게 되면, 그가 활용한 수단은 모든 사람에 의해서 항상 명예롭고 찬양받을 만한 것으로 판단됩니다. 왜냐하면 보통 사람들은 언제나 일의 겉모습과 결과에만 현혹되기 때문입니다. 이 세상에는 보통 사람들이 압도적인 다수이고, 그러한 다수가 군주와 정세를 같이할 때 소수는 고립되어 버립니다.

이름을 굳이 밝히지는 않겠지만 우리 시대의 군주 중
어떤 이는 언제나 평화와 신뢰에 대하여 반감을 갖고 있
지만 자신의 입으로는 항상 그것을 부르짖고 있습니다.
만약 그가 본심을 말 그대로 실천에 옮겼다면 그는 자신
의 명망이나 국가를 여러 번 잃었을 것입니다.

제19장
군주의 성품:
경멸과 미움은 어떻게 피해야 하는가

미움을 초래하는 것

앞에서 언급한 성품 외에 일반적인 내용을 간략히 다루고자 합니다.

군주는 미움받거나 경멸당할 만한 일은 그 어떤 것도 삼가야 합니다. 이것들을 피했다면 군주는 자신의 의무를 다한 것이며 이에 대해 비난받거나 위험해지지 않을 것입니다.

이미 언급했듯이 다른 무엇보다도 군주가 미움받게 되는 일은 욕심을 놓지 못해 신민들의 재산과 부녀자를 강탈하는 일입니다. 대부분의 경우 신민들은 재산과 명예를 빼앗기지 않으면 만족해하며 삽니다. 그러므로 군주는 야심 있는 소수의 사람들만 잘 다루면 되고, 그러한 사람들은 다양한 방법으로 쉽게 제압할 수 있습니다.

대체로 군주가 경멸받게 되는 이유는 그가 변덕스럽고 경박하며 여성적이면서 소심하고 우유부단하다고 여겨지기 때문입니다. 군주는 마치 암초를 피하듯 자신을 경멸하게 만들 것들을 경계해야 합니다. 군주는 자신의 행동으로 당당함과 용맹함과 진지함과 강건함을 과시하도록 하며 신민들의 사사로운 분쟁에 대해 자신이 내린 결정을 뒤집는 일이 없도록 해야만 합니다. 또한 이러한 평판을 스스로 유지하여 어느 누구도 군주를 속이거나 술책을 꾸밀 생각도 품지 못하도록 해야 합니다.

명성은 안전을 가져온다

올바른 이미지를 창출하는 데 성공한 군주는 탁월한

명성을 누릴 것입니다. 그리고 그러한 군주에게 음모를 꾸미거나 그를 공격하는 것은 어려운 일이므로 대대손손 숭고한 성품을 지닌 군주로 인정받고 신민들의 존경을 받을 것입니다.

군주에게는 두 가지 주된 걱정이 있습니다. 그중 한 가지는 신민과 관계한 대내적인 것이며, 다른 한 가지는 외세에 관한 대외적인 것입니다. 외세의 위협에 대해서는 훌륭한 군대와 믿을 만한 동맹이 가장 효과적인 방어책입니다. 훌륭한 군대를 가지는 것은 결국에는 믿을 만한 동맹을 가지는 것으로 귀결됩니다.

대외적인 문제가 굳건하게 안정되어 있다면, 대내적인 문제는 어떤 음모에 의해 혼란을 겪지 않는 이상 언제나 안정될 수 있습니다. 설사 대외적인 위협이 존재하더라도 군주가 제가 추천한 성품대로 국가를 다스리고, 사태를 처리하는 용기를 잃지 않는다면, 그는 스파르타의 나비스가 그랬듯이 어떤 공격이라도 항상 격퇴할 수 있을 것입니다.

음모를 저지하기 위한 강력한 대비책

만약 외부의 위협이 없다면 군주의 유일한 두려움은 신민들이 비밀스럽게 음모를 꾸며 자신을 배반하는 일입니다. 군주는 신민들로부터 미움과 경멸을 받지 않도록 하는 동시에 지위를 확고히 해야 합니다. 그리고 앞에서 언급했던 것처럼 군주의 통치에 신민들이 만족하게 해야 합니다.

즉, 음모에 대해 군주가 갖출 수 있는 최선의 대비책은 신민에게 미움받지 않는 것입니다. 왜냐하면 음모를 꾸미는 자들은 언제나 군주를 암살하는 것으로 신민들을 만족시킬 수 있다고 믿고 일을 저지르기 때문입니다. 그러나 자신들의 소행이 신민들의 노여움을 불러일으킬 것이라고 생각하면 실천할 용기를 낼 수 없습니다. 이러한 음모를 꾸미는 데는 항상 무수히 많은 위험과 희생이 따르기 때문입니다.

역사상 수많은 음모가 있었지만 성공한 경우는 거의 없습니다. 음모를 꾸미는 자는 독자적으로 행동할 수 없습니다. 그래서 군주에게 불만을 품고 있는 자들로부터 도움을 구할 수밖에 없습니다. 하지만 어떤 불평분자에게 자신의 속마음을 잘못 털어놓는 순간, 그에게 불만을 해소하고 이득을 얻을 수 있는 기회를 제공하게 됩니다.

이제 그 불평분자는 음모를 폭로하여 자신이 원하는 보상을 확실히 얻을 수 있습니다. 만약 그가 폭로로 인한 이득보다 성공 여부가 불확실한데도 많은 위험이 도사리고 있는 음모에 가담하고 신의를 지킨다면 그는 보기 드문 진정한 동지이거나 철두철미한 군주의 적임이 분명합니다.

위의 문제를 다시 설명하자면, 음모를 꾸미는 자에게는 오직 발각이나 배신의 공포와 끔찍한 처벌의 전망만 있습니다. 하지만 군주에게는 지위에 걸맞은 명성과 위엄과 법률 그리고 동맹국들의 원조는 물론 자신을 지켜줄 국가가 있습니다. 게다가 이런 모든 이점에 신민들의 호의가 더해진다면 무조건 지는 싸움을 걸어올 경솔한 사람은 없을 것이라는 결론이 나옵니다.

이처럼 음모를 꾸미는 자는 통상적으로 범죄를 실행하

기 전에 두려워해야 할 많은 이유를 갖게 됩니다. 그런데 그것 못지않게 두려워해야 할 것은 범죄를 실행한 후에 받을 신민들의 적대심입니다. 그리고 더 나아가 그런 신민들로부터는 도망칠 어떤 도피처도 발견할 수 없다는 사실입니다.

벤티볼리오의 사례

이와 관련된 예를 하나 제시하겠습니다. 현재의 안니발레 영주의 조부로서 볼로냐의 군주였던 안니발레 벤티볼리오는 칸네스키 가문의 음모에 의해 암살되었습니다. 그의 후계자로는 당시에 갓난아이였던 메저 조반니밖에 없었습니다. 그 암살 사건 후에 즉각적으로 신민들이 봉기를 시작했습니다. 그리고 칸네스키 가문의 사람들은 신민들에 의해 참살당했습니다.

이런 결과가 나온 이유는 당시 벤티볼리오 가문이 신민들로부터 두터운 신망을 얻고 있었기 때문이었습니다.

실로 그 신망은 대단한 것이었습니다. 안니발레가 죽고 난 후, 그 가문에는 볼로냐를 다스릴 만한 사람이 아무도 남아 있지 않았습니다.

볼로냐의 신민들은 벤티볼리오 가문의 누군가가 피렌체에 살아 있다는 풍문을 들었습니다. 그래서 당시까지 대장장이의 아들로 알려진 자손을 만나기 위해 피렌체까지 찾아가 그에게 도시의 통치를 맡겼습니다. 볼로냐는 메저 조반니가 성년이 될 때까지 그가 통치했습니다.

따라서 군주는 신민들이 호감을 품고 있다면 음모에 대해 걱정할 필요가 없습니다. 하지만 신민들이 적대감을 품고 미워하는 대상이 되면 안 되기 때문에 군주가 매사에 모든 사람을 두려워하는 것은 당연한 일이라고 말하고자 합니다.

귀족과 신민 모두를 만족시킨 프랑스의 정치 질서

질서가 잡힌 국가와 현명한 군주들은 귀족들을 거스르

지 않고 신민들이 만족할 수 있도록 항상 세심한 주의를 기울여 왔습니다. 이것이야말로 모든 군주가 행해야 할 가장 중요한 일입니다.

우리 시대의 여러 왕국 중 가장 질서가 잘 잡히고 통치가 원활한 나라는 프랑스입니다. 그리고 프랑스에는 왕의 자유와 안정성의 기초가 되는 좋은 제도가 수없이 많습니다. 그중에서 가장 훌륭한 것은 엄청난 권위를 누리고 있는 고등법원입니다.

루이 9세는 귀족들이 품고 있는 야심과 거만함에 대해 잘 알고 있었습니다. 그래서 그들을 통제하기 위해 입에 재갈을 물릴 필요가 있다고 생각했습니다. 그리고 그는 신민들이 귀족들을 두려워하며 미워하고 있다는 것을 알고 있었기 때문에 그들을 보호하기를 원했습니다. 하지만 왕이 이러한 역할에 관심이 있다는 것을 드러내기를 꺼려했습니다. 왜냐하면 신민들을 더 좋아한다는 이유로 귀족들에게 미움을 사거나 귀족들을 더 좋아한다는 이유로 신민들로부터 미움을 사는 것을 원치 않았기 때문이었습니다.

그 결과 그는 왕에 대한 직접적인 비난을 불러일으키

지 않을 중립적인 기관인 파리의 고등법원을 내세워 귀족들을 견제하고 신민들을 보호하도록 했습니다. 군주제와 왕국을 강화하는 데 있어 이보다 더 신중한 조치나 적절한 제도는 없을 것입니다.

이를 통해 중요한 교훈을 한 가지 더 배울 수 있습니다. 즉, 군주는 비난받을 만한 일들은 남에게 미루고 자비를 보일 수 있는 일은 자신이 직접 해야 한다는 것입니다. 더 나아가 군주는 귀족들을 자기편으로 끌어안아야 하지만 그로 인해 신민들로부터 미움을 받아서는 안 됩니다.

로마 황제들의 사례

로마 황제들의 생애와 행적 및 죽음을 살펴본 사람들은 지금까지 제가 제시한 견해와 전혀 다른 예시가 존재한다며 반박할 것입니다. 왜냐하면 줄곧 고귀하게 처신하고 위대한 성품을 보여 주었던 몇몇 황제들이 군인들이나 대신들의 음모로 권력을 잃거나 살해되었기 때문입니다.

이러한 반론들에 대해서 저는 그 황제들의 성품을 살펴보고, 그들이 실패하게 된 원인이 제 주장과 모순되지 않는다는 것을 검토해보라고 응수하겠습니다. 이와 동시에 그 시대의 행적을 연구하는 사람에게 덕목에 대한 중요한 요소들을 다시 강조하겠습니다.

저는 철학자 마르쿠스 아우렐리우스 황제로부터 막시미누스 황제에 이르기까지 간단하게 검토하겠습니다. 그들은 마르쿠스와 그의 아들인 콤모두스, 페르티낙스, 율리아누스, 세베루와 그의 아들 안토니우스 카라칼라, 마크리누스, 엘라가발루스, 알렉산데르 그리고 막시미누스를 말합니다.

군인들의 환심을 사도록 강요당한 로마 황제들

주목해야 할 점은, 다른 군주국에서는 군주가 귀족들의 야심과 신민들의 무례함을 통제하는 것만으로도 국가를 안정적으로 통치하는 데 충분했지만, 로마의 황제들은 또 다른 문제에 직면해 있었다는 것입니다. 즉, 그들은 군인들의 잔혹함과 탐욕에 대처해야 했습니다. 그것은 매우 해결하기 어려운 문제여서 황제들의 죽음과 몰락을 초래했습니다.

대체로 군인들과 신민들을 동시에 만족시키는 것은 매우 어려운 일이었습니다. 왜냐하면 신민들은 평화로운 삶을 좋아하기 때문에 온건한 군주를 선호하지만, 군인들은 고집 세고 잔인하며 탐욕스러운 호전적인 군주를 원하기 때문이었습니다. 군인들은 군주가 신민들을 거칠게 다루길 원했습니다. 그 결과로 그들의 급료가 올라가길 바랐고, 잔혹한 자신들의 야만성을 배출하길 원했습니다.

그래서 타고난 자질이나 경험이 부족하여 군인들과 신민들을 동시에 통제할 수 있는 명성을 얻지 못한 황제들은 항상 몰락했습니다. 그리고 대부분의 황제들, 특히 새로 제위에 오른 황제들은 대립하고 있는 두 세력을 만족시키기 어렵다는 것을 깨닫게 되면 군인을 선택했습니다. 그래서 신민들이 박해를 당하는 일에는 그다지 신경 쓰지 않았습니다.

과정은 어쩔 수 없는 것이었습니다. 군주는 일단 모든 세력으로부터 미움받는 일만큼은 피하고 싶어 합니다. 그래서 모두에게 존중받지 못하는 경우, 온 힘을 다해 가장 강력한 집단으로부터 미움받는 일을 피하려 합니다.

그렇기 때문에 지지가 절실히 필요한 미숙한 황제들은 신민들보다는 군인들의 비위를 맞추려고 했습니다. 그러나 이러한 정책이 그들에게 유익한 것이었는지는 그들이 군인들의 존경을 유지할 수 있었느냐에 달려 있습니다.

정의를 사랑하고 인자했던 황제들

마르쿠스와 페르티낙스 그리고 알렉산데르는 모두 온후한 삶을 살면서 정의를 사랑하고 잔혹함을 미워했으며 인도적이고 인자했습니다. 하지만 마르쿠스 외에는 모두 비참한 최후를 맞았습니다.

오직 마르쿠스만이 명예롭게 살다 죽은 것은, 그가 세습 황제여서 자신의 권력에 관해 군인들이나 신민들에게

진 빚이 있었기 때문이었습니다. 게다가 그는 많은 미덕의 소유자로 존경을 받았으며 재위 기간 동안 군인과 신민들을 통제할 수 있어 미움받거나 경멸당하는 일을 피할 수 있었습니다.

반면에 페르티낙스는 콤모두스 시대 때 방탕하게 사는 데 익숙해진 군인들의 뜻에 반해 황제가 되었습니다. 군인들은 페르티낙스가 부과한 새로운 규율에 따라 절제 있게 사는 것을 견딜 수가 없었습니다. 그로 인해 페르티낙스는 군인에게 미움을 받았으며, 게다가 나이가 많다는 이유로 경멸도 받았기 때문에 결국 제위에 오른 지 얼마 지나지 않아 피살되었습니다.

여기에서 주목해야 할 것은 악행은 물론 선행도 미움을 초래할 수 있다는 것입니다. 앞서 언급했듯이 군주가 자기의 권력을 유지하려고 한다면 종종 부도덕하게 행동하도록 강요받습니다. 그러나 군주가 권력을 유지하기 위해서는 도움이 필요하다고 인정되는 어떤 집단, 즉 신민들이나 군인들이 부패되어 있다면 그들을 만족시키기 위해 그들의 성향을 어느 정도 맞춰줘야 합니다. 그런 상황에서의 선행은 군주에게 이득이 되지 않습니다.

알렉산데르의 경우를 보면 그는 무척이나 선량한 인물이어서 찬양을 받았습니다. 대표적인 사례의 하나로 그는 14년 통치 기간 동안 재판 없이는 단 한 명도 처형하지 않았습니다. 그럼에도 불구하고 그는 나약하며 자기 어머니의 통제를 받는 인물로 생각되었기 때문에 경멸당했고 결국에는 군대가 모반을 일으켜 피살되었습니다.

그와는 대조적이었던 콤모두스, 세베루스, 안토니우스 카라칼라 그리고 막시무누스의 성품에 대해 살펴보겠습니다. 그들은 모두 지극히 잔인하고 탐욕스러웠습니다. 군인들을 만족시키기 위해 신민들에게 온갖 피해를 입히는 데 주저하지 않았던 그들은 세베루스를 제외하고는 모두 비참한 최후를 맞았습니다.

잔인한 세베루스는 존경받았다

세베루스는 신민들을 억압했지만 다양한 능력이 있었

기 때문에 존경을 받았습니다. 그는 제가 군주에게 필연적으로 요구된다고 말한 바 있는 여우와 사자의 기질을 탁월하게 모방했습니다. 그래서 그가 어떻게 그럴 수 있었는지에 대해서 간략하게 검토해보겠습니다.

율리아누스의 무능함을 알아차린 세베루스는 슬라보니아에서 친위부대에 의해 살해당한 페르티낙스의 복수를 위해 로마로 진군하겠다고 마음먹고 자신이 지휘하고 있던 군대를 설득했습니다. 하지만 그의 의중에는 황제가 되고자 하는 마음이 있었습니다. 그는 이런 의도를 숨긴 채, 군대를 이끌고 로마로 진군했습니다. 그는 슬라보니아를 떠났다는 소문이 나기 전에 이탈리아에 도착했습니다. 무력에 대한 공포에 휩싸인 원로원은 로마에 도착한 그를 황제로 선출하고 율리아누스를 처형했습니다.

그 후 세베루스는 제국 전체를 지배하기 위해 두 가지 난관을 극복해야만 했습니다. 그중 한 가지는 아시아 지역 군대의 지도자인 니게르가 스스로 황제임을 선포한 일이었으며, 다른 한 가지는 서방의 알비누스 역시 제위를 넘보고 있다는 것이었습니다. 동시에 이들 두 사람에게 적의를 보이는 것은 위험하다고 생각한 세베루스는 우선 니게르를 공격하고 알비누스는 속이기로 결심했습니다.

그는 알비누스에게 보낸 서한을 통해, 원로원이 그를 황제로 추대했으며 자신은 그 지위를 알비누스와 공유하기를 원한다고 전달했습니다. 그리고 알비누스에게 카이사르의 칭호를 수여하고 원로원의 결정에 의해 공동 황제로 삼는다고 했습니다. 알비누스는 이러한 일들을 진실로 믿었습니다.

그러는 동안 세베루스는 니게르를 격파하고 처형한 후 제국 동부 지역을 평정했습니다. 그 후 로마에 돌아온 그는 원로원을 향해 알비누스가 은혜에 대해 전혀 감사하는 마음이 없고 음모를 꾸며 자신을 살해하려 한다고 공표했습니다. 그는 곧바로 알비누스를 탄핵하고 그의 배은망덕을 벌주기 위해 어쩔 수 없이 출병해야 한다고 주장했습니다. 그 후 세베루스는 프랑스에 있던 알비누스를 공격하여 그의 지위와 생명을 박탈했습니다.

이를 토대로 세베루스의 행적을 면밀히 살펴본 사람이라면 그가 매우 사나운 사자이면서 동시에 교활한 여우였

음을 알아차릴 수 있을 것입니다. 그는 모든 사람에게 두려움의 대상이자 존경의 대상이었으며, 군대로부터 미움받지 않았습니다. 신생 군주로서 그토록 거대한 제국을 어떻게 통치할 수 있었는지 모두 의문시 합니다. 이는 그가 지닌 탁월한 명성이 그가 저지른 약탈로 인해 품게 되었을지도 모를 신민들의 미움 앞에서 그를 보호했기 때문입니다.

카라칼라는 살해되었다

세베루스의 아들인 안토니우스 카라칼라 역시 탁월한 능력을 지닌 인물로서 신민들의 찬양과 군인들의 호감을 얻었습니다. 그는 천부적인 군인으로서 사치스러운 음식과 나약한 삶을 경멸했습니다. 그래서 이러한 성품 때문에 그는 모든 군인에게 사랑을 받았습니다.

그러나 그는 전례가 없을 정도로 포학하고 잔인한 행동을 저질렀습니다. 수많은 로마 주민들과 알렉산드리아의 모든 사람이 죽임을 당했습니다. 그로 인해 그는 모든 사람으로부터 미움받게 되었습니다. 측근들조차 그를 두려워하게 되었고, 어느 날 자기 군대의 백부장(百夫長)에 의해 살해되고 말았습니다.

이를 통해 원한에 사무친 자의 단호한 결심에 의해 자행된 암살은 군주라고 해도 피할 수 없다는 점을 주목해야 합니다. 누구든 자신의 죽음을 두려워하지 않는 자는 군주를 죽일 수 있기 때문입니다. 그러나 이런 일은 매우 드물기 때문에 군주는 그것을 너무 두려워할 필요는 없습니다.

다만 군주는 이번 경우에서 알 수 있듯 자신에게 충성하는 측근이나 각료들에게 심각한 모욕을 주지 않도록 조심해야 합니다. 안토니우스는 매우 악독한 방법으로 백부장의 형제를 살해했습니다. 그리고 지속적으로 그를 위협하면서 경호원으로 삼았습니다. 이것은 매우 경솔한 결정이었으며, 그 결과로 안토니우스의 파멸을 초래했습니다.

콤모두스는 경멸을 초래했다

이제 콤모두스 황제에 대해 살펴보겠습니다. 그는 마르쿠스의 아들로서 황제의 자리를 세습했습니다. 그렇기 때문에 다른 이들과는 달리 권력을 매우 수월하게 유지할 수 있는 군주였습니다. 그는 단지 아버지가 이루어 놓은 업적을 따르는 것만으로도 충분했습니다. 기존의 것을 그대로 시행했다면 신민들과 군인들을 만족시킬 수 있었을 것입니다.

그러나 천성적으로 잔인하고 야만인이었던 그는 자신의 탐욕을 만족시키기 위해 군인들의 비위를 맞추면서 신민들을 제물로 삼았습니다. 그래서 군인들이 제멋대로 행동하도록 방치했습니다.

또한 황제로서의 위엄을 지키지 않았습니다. 그는 직접 투기장에 내려가 검투사들과 싸우기도 하는 등 황제의 품위를 손상시키는 일들을 많이 저질러 군인들로부터 경멸을 받게 되었습니다. 결국 신민들의 미움을 받고 군인의 경멸을 받았던 그는 음모에 의해 살해되었습니다.

막시미누스는 조롱을 받았다

마지막으로 막시미누스의 성품에 대해 서술해보겠습니다. 그는 지극히 호전적인 인물이었습니다. 앞에서 언급한 것처럼 군인들은 알렉산데르의 나약함을 매우 싫어했기 때문에 그가 피살당한 후 막시미누스를 황제로 추대했습니다.

그러나 그는 두 가지 일로 인해 미움과 경멸의 대상이 되었습니다. 그 중 한 가지는 그가 매우 미천한 신분으로 본래 트라키아 지방의 목동이었다는 점이었으며, 다른 한 가지는 통치 초기에 로마로 가서 황제의 자리에 오르는 것을 연기했다는 점입니다. 또한 그는 자신의 지방장관들을 통해 로마와 제국의 여러 곳에서 잔인한 악행들을 저질러 무척 잔혹하다는 평판을 얻었습니다.

그 결과 신민들은 그의 미천한 태생에 대해서 분노하고 증오심으로 활활 타올랐으며, 반대로 그의 잔인함에 대해서는 두려움을 느끼게 되었습니다. 그렇기 때문에 제일 먼저 아프리카에서 반란이 일어났습니다. 이윽고 로마의 원로원과 신민들도 봉기했으며 결국 이탈리아 전역에서도 반란이 일어났습니다. 그리고 마지막으로 그 자신의 군대도 반란을 일으켰습니다.

아퀼레이아를 포위하고 공격 중이던 그의 군대는 매우 어려운 작전이라 지쳐 있었습니다. 게다가 이미 황제의 잔혹함에 분노하던 중이어서 사람들이 황제에게 반기를 들었다는 사실을 알게 되자 그를 살해해 버렸습니다.

헬리오가발루스나 마크리누스 그리고 율리아누스는 신민들로 하여금 철저하게 경멸받았으며 그로 인해 황제의 자리에 오르자마자 살해됐으므로 이들에 대해서는 거론하지 않겠습니다. 대신 군주에 대한 멸시와 미움에 관해 결론을 내리고자 합니다.

군인들의 중요성이 낮아진 이유

오늘날의 군주들은 지난날의 제왕보다 군인들을 만족시키기 위해 다양한 방법을 동원해야 할 필요성이 줄어들었다고 생각합니다. 물론 어느 정도까지는 군인들을 배려해주어야 합니다.

이렇게 된 이유는 요즘 군주들은 로마 제국의 군대처럼 어느 한 지역에 오랫동안 주둔하면서 통치하는 군대를 운영하지 않기 때문입니다. 그리고 현재와 로마 제국시절의 군인들의 영향력이 다르기 때문이기도 합니다. 로마 제국 때는 군인들의 영향력이 지금보다 월등했습니다. 그래서 당시에는 신민들보다는 군인들을 더 만족시킬 필요가 있었습니다.

하지만 오늘날의 경우를 살펴볼 때, 투르크와 이집트를 제외한 현재의 모든 군주들은 신민들의 영향력이 군대보다 더 커졌다고 생각합니다. 그래서 군인들보다 신민들을 만족시켜줘야 합니다.

여기서 제가 투르크를 예외로 한 것은 1만 2천의 보병과 1만 5천의 기병에게 자신의 국력과 안전을 의존하고 있기 때문입니다. 그러므로 투르크 국왕으로서는 다른 그 어떤 세력보다 군대를 자신의 우호 세력으로 만들어야 할 필요가 있습니다. 이와 마찬가지로 이집트의 술탄 왕국도 군인들이 정부를 완벽하게 장악하고 있으므로 신민들의 뜻과는 상관없이 군대와의 관계를 친밀하게 해 둘 필요가 있습니다.

예외적인 술탄의 지배 체제

술탄의 국가는 많은 점에서 다른 군주국들과 다르다는 것을 주목해야 합니다. 그 국가는 교황 제도와 비슷하여 세습 군주국이나 신생 군주국으로 부를 수도 없습니다. 세습 받은 전임 군주의 아들들이 군주의 자리를 승계하는 것이 아니라, 선거권을 가진 자들에 의해 군주로 선출되기 때문입니다.

이러한 제도는 오래전부터 내려오는 것입니다. 그래서

신생 군주국들이 부딪치게 되는 문제들을 가지고 있기 않습니다. 그렇기 때문에 신생 군주국이라고도 부를 수가 없습니다.

비록 군주는 새로운 인물이지만 국가의 제도는 오래되었습니다. 그리고 선출된 군주를 마치 세습 군주인 것처럼 받아들입니다.

로마 황제들을 모방하고자 하는 신생 군주는 신중하게 선택해야 한다

본론으로 되돌아가고자 합니다. 지금까지 언급된 문제들을 종합해보면 미움이나 경멸이 황제들의 몰락 원인이 되었다는 것을 알 수 있습니다. 또한 다음과 같은 사실도 알 수 있습니다. 그들 중 일부는 기존의 황제처럼 행동했으며, 일부는 전혀 다른 방식으로 처신했는데, 각 그룹에서 한 황제만이 성공적인 결말을 맞았을 뿐 나머지 황제들은 모두 비참한 최후를 맞았다는 점입니다.

페르티낙스와 알렉산데르는 신생 군주였으므로, 세습 군주인 마르쿠스처럼 행동한 것이 역효과를 내 위험에 빠지게 만들었습니다. 이와 마찬가지로 카라칼라, 콤모두스, 막시미누스의 경우에는 세베루스를 모방하려 했지만, 그가 이룩한 업적을 따라 할 만한 능력이 없었기 때문에 비참한 꼴을 당하고 말았습니다.

그러므로 신생 군주는 마르쿠스의 행적을 모방할 수가 없고, 그렇다고 세베루스의 행적을 모방할 필요도 없습니다. 오히려 권력 장악을 위해 필요한 조치를 취할 때는 세베루스를 모방해야 할 것이고, 일단 권력을 장악한 후 안정적인 국가를 유지해야 할 때는 마르쿠스를 모방하여 영광을 누려야 할 것입니다.

제20장

군주의 행동:
군주들이 흔히 하는 많은 일은
과연 유용한가, 무용한가

군주가 채택하는 다양한 정책들

권력을 보다 확고히 다지기 위해 어떤 군주들은 신민들의 무장을 해제시키고, 어떤 군주들은 자기가 찬탈한 도성에서 파벌을 조장했습니다. 또 어떤 군주들은 자신들에 대한 적개심을 부추기며, 어떤 군주들은 정권 초기에 믿을 수 없었던 자들을 자기편으로 만들었습니다. 그리고 어떤 군주들은 요새를 구축하기도 하고, 어떤 군주들은 요새를 파괴했습니다.

물론 당시의 각 국가가 처해 있던 특수한 상황을 일일

이 검토하지 않은 채, 그 결정에 대해 확정적인 판단을 내릴 수는 없겠지만 일반적인 관점을 두고 이 주제를 논의하겠습니다.

신생 군주는 신민들에게 무장을 허용한다

우선 신생 군주들이 신민들의 무장을 해제했던 경우는 한 번도 없었습니다. 오히려 신민들이 무장을 갖추지 않았을 경우, 군주는 그들에게 무기를 제공했습니다. 자신의 신하들을 무장시키게 되면 그 무력은 군주의 것이 되기 때문입니다. 군주를 불신하던 신하들은 충성을 바치게 되고, 본래 충성했던 자들은 계속하여 충성을 바칠 것이며, 이윽고 그들은 확고한 지지자로 변하게 될 것입니다.

신민들 모두를 무장시키는 것이 가능하지 않을 때는 무장시킨 자들에게 혜택을 베풀어 줍니다. 그렇게 되면 나머지 신하들은 편하게 다룰 수 있게 됩니다. 왜냐하면 무장을 한 자들은 군주에게 더욱 충성하게 될 것이며, 무장하지 못한 자들은 자신보다 위험한 임무를 수행하는 자들이 우대 받는 것이 당연하다 여기고는 군주의 조치를 용납하게 되기 때문입니다. 그러나 군주가 신하들의 무장을 모두 해제시키면 결국 그들의 감정을 상하게 됩니다. 이런 조치는 자신의 비겁함이나 의심 때문에 신하들을 믿지 않고 있다는 것을 드러내는 것이 되기 때문입니다. 결국 신하들로부터 미움을 받습니다.

군사력 없이는 권력을 유지할 수 없습니다. 그렇기 때문에 앞에서 언급했던 용병을 고용해야만 되는 상황을 맞이하게 됩니다. 그러나 아무리 용병이 효과적이라고 할지라도 강력한 적들이나 격노에 찬 신민들로부터 군주를 지켜줄 만큼 효과적일 수는 없습니다. 그러므로 신생 군주국의 새 군주는 언제나 군대를 무장시켰으며, 역사는 그러한 사례로 가득 차 있습니다.

병합 지역에 있는 신민들의 무장은 해제해야 한다

군주가 기존의 국가에 새로운 국가를 자기의 일원으로 합병시켰다면, 그는 합병에 도움을 준 자들 외에는 모두 무장을 해제시켜야 합니다. 그리고 병합을 도운 자들도 기회를 보아 적절한 시기에 그 세력을 약화시켜 힘을 쓰지 못하도록 해야 합니다. 군주가 지배하는 전체 국가의 군사력은 원래 지배하고 있던 기존 국가의 군대에 집중시켜야 합니다.

복속된 도시에 분열을 조장하지 마라

법학자 피스토이아는 어떤 도시는 파벌로 나누어 다스리고, 피사는 성곽을 지어 다스려야 한다고 말했습니다. 이러한 생각에 따라 그들은 어떤 속국에서는 분쟁을 조장하여 더 쉽게 통치할 수 있었습니다.

이 정책은 이탈리아가 어느 정도 평화의 균형을 이루

고 있던 시대에는 효과적이었습니다. 하지만 오늘날에는 어떤 법칙이 될 필요성이 없다고 생각합니다. 분열 정책은 어느 누구에게도 도움이 되지 않기 때문입니다. 오히려 파벌로 나뉜 도시들은 적군이 침략해 오면 쉽게 무너져 버립니다. 그 이유는 세력이 미약한 파벌은 언제나 외부의 세력과 결탁하는 데에 반해 그 외의 파벌들은 저항할 힘이 없기 때문입니다.

베네치아인들은 자신들의 속국에 겔프 파와 기벨린 파라는 두 개의 파벌을 조장했습니다. 비록 두 파벌 사이에 유혈 사태가 일어나는 것은 용납하지 않았지만 줄곧 그들 사이에 교묘하게 불화를 조장함으로써 그들이 파벌 다툼에 몰두해 단합하여 반기를 들 수 없도록 만들었습니다. 하지만 이 정책은 결과적으로 베네치아인들의 이익으로 돌아오지 않았습니다. 그들이 바일라에서 패배한 것을 목격한 일부 도시들은 즉각적으로 반란을 일으켜 베네치아인들의 모든 영토를 박탈했습니다.

따라서 강력한 군주국이라면 이러한 분열 정책을 결코 용납하지 않습니다. 분열을 조장하는 통치 방식은 군주의 나약함을 의미하는 것일 뿐입니다. 왜냐하면 분열 정책은 평화로운 시기에는 신하들을 보다 더 쉽게 통제할 수 있게 만들어주지만, 전쟁이 일어나면 통제하기 어려운 복잡한 상황을 만들어주기 때문입니다. 자신 앞에 닥친 시련과 장애물들을 극복할 때 군주가 위대해진다는 것은 명백한 진실입니다. 그래서 운명의 여신은 세습 군주에 비해 명망이 절실히 필요한 신생 군주를 위대하게 만들고자, 적의 성장을 조장하고 군주를 상대로 음모를 꾸미게 합니다.

그 결과 신생 군주는 적을 격파하고 마치 그의 적들이 그에게 사다리를 제공한 것처럼 더욱 높은 곳으로 오르게 됩니다. 따라서 현명한 군주라면 기회가 있을 때마다 교묘한 솜씨로 적대적인 세력을 부추기고는 곧이어 진압을 통해 자신의 명망을 더욱 높이는 것이라고 많은 사람이 생각합니다.

예전의 적으로부터의 충성

군주는, 특히 신생 군주는 종종 통치 초기에 믿었던 사람들보다 믿지 않았던 사람들이 결국에는 더 믿을 만하고 많은 도움을 준다는 것을 깨닫게 됩니다. 시에나의 군주였던 판돌포 페트루치는 그가 신뢰하지 않았던 사람들의 도움으로 나라를 잘 다스릴 수 있었습니다.

그러나 인간과 상황의 변화는 다양하므로 이런 사례를 일반화하기에는 무리입니다. 다만 이렇게 말할 수는 있습니다. 즉, 자신들의 힘만으로 세력을 유지할 수 있는 자들은 정권 초기에는 군주에게 적대적이었지만 결국에는 군주의 편으로 끌어들이기가 매우 쉽다는 것입니다.

그들은 군주가 자신들에 대해 품고 있는 부정적인 인식을 지우기 위해서 행동을 통해 보여주는 것이 절실하게 필요하다는 것을 익히 알고 있습니다. 때문에 군주에게 한층 더 충직하게 복종하게 됩니다. 그러므로 군주는 자기의 일에 등한시하는 경향이 있는 자들보다 그러한 자들로부터 항상 더욱 많은 도움을 이끌어낼 수 있습니다.

게다가 신생 군주라면 누구에게나 상기시킬 필요가 있는 중요한 문제가 있습니다. 즉, 현지에 있는 인물들의 도움을 받아 권력을 차지한 지 얼마 되지 않는 신생 군주라면, 그들이 어떤 이유로 자신을 도와주었는지를 잘 생각해보아야 한다는 것입니다.

만약 순수하게 군주를 좋아해서가 아니라 이전의 국가에 불만이 있어 도와준 것이라면, 그들을 군주의 세력으로 유지하는 것이 무척 힘들고 이를 위해서 수많은 어려움을 겪어야 합니다. 왜냐하면 신생 군주가 그들을 만족시키기는 매우 어렵고 힘들기 때문입니다.

과거와 최근의 사건들에서 찾아 낸 사례들을 검토해보면, 이전 정권에 만족했기 때문에 신생 군주의 적이 된 사람들은 이전 정권에 불만이 있었기 때문에 신생 군주에게 도움을 주었던 사람들보다 훨씬 더 쉽게 우호 세력으로 만들 수 있습니다.

상황에 따라 이롭기도 하고 해롭기도 한 요새 구축

군주들은 자신의 권력을 한층 더 강화시킬 목적으로 요새를 구축해 왔습니다. 요새는 음모를 꾸미는 자들에게 방어벽으로 사용 될 수 있으며 갑작스러운 공격을 받을 때는 안전한 피신처를 제공합니다. 이러한 관행은 아주 오래 전부터 이루어져 왔고, 군주에게는 아주 좋은 수단입니다.

하지만 우리 시대의 니콜로 비텔리는 자신의 통치를 유지하기 위해 치타 디 카스텔로에 있는 두 개의 요새를 허물어 버렸습니다. 또한 우르비노의 공작 구이도발도는 체사레 보르자에게 빼앗겼던 영지를 되찾았을 때, 그 지역에 있던 요새들을 모두 파괴해 버렸습니다. 요새들이 없다면 나라를 다시 빼앗길 가능성이 줄어든다고 생각했기 때문입니다.

벤티놀리오 가문도 역시 볼로냐를 되찾게 되었을 때 이와 같은 결정을 내렸습니다. 요새는 경우에 따라 이롭기도 하고 해롭기도 합니다. 어느 면에서는 요새가 유용하기도 하지만 어떤 경우에는 해를 입히기도 합니다.

군주에게 최선의 요새는 그의 신민들이 그를 미워하지 않는 것이다

만약 군주가 외부의 세력보다 신민을 더 두려워하는 경우라면 요새를 구축해야만 합니다. 그러나 신민보다 외부의 세력을 더 두려워하는 경우라면 요새를 구축해서는 안 됩니다.

프란체스코 스포르차가 건설한 밀라노의 성벽은 그 나라에서 발생한 다른 어떤 혼란보다 스포르차 가문에게 더 많은 분쟁의 근원이 되었고, 또 앞으로도 그럴 것입니다.

따라서 군주에게 있어 최선의 방법은 미움을 받지 않는 것입니다. 요새가 있다 해도 신민들이 군주를 미워하게 되면 요새가 군주를 방어하거나 구출하지는 못합니다. 왜냐하면 신민들이 무기를 들고 봉기하면 그들을 지원할 태세가 되어 있는 외세가 반드시 나타날 것이기 때문입니다.

근래의 예들에서 볼 수 있듯이 포를리 백작부인 외에는 요새의 도움을 받았던 군주는 아무도 없었습니다. 남편인 지롤라모 백작이 암살된 후 포를리 백작부인은 성 안으로 들어가 신민들의 공격을 피할 수 있었습니다. 그래서 밀라노로부터 원군이 올 때까지 버틸 수 있었고, 결국에는 다시 권력을 되찾을 수 있었습니다.

그 당시의 상황은 신민들을 도울 수 있는 외부 세력이 전혀 없었습니다. 그러나 훗날 체사레 보르자가 진격하고 적개심에 찬 신민들이 그 침략군에 합세하자 그 요새는 그녀에게 아무런 도움도 되지 않았습니다. 따라서 두 경우 모두에서 볼 수 있듯이, 요새에 의지하는 것보다 신민들에게 미움 받지 않는 것이 그녀를 보다 더 안전하게 보호했을 것입니다.

이런 모든 일을 고려해볼 때, 저는 요새를 구축하는 군주만큼이나 요새를 구축하지 않는 군주에게도 찬사를 보내고 싶습니다. 그러나 요새만을 믿고 신민들의 미움을 사는 것을 두려워하지 않는 군주는 비난을 받아 마땅합니다.

제21장
군주의 행동:
군주는 명성을 얻기 위해서
어떻게 처신해야 하는가

위대한 업적으로 얻는 명성:
스페인의 군주 페르디난도

군주에게 높은 명성을 가져다주는 최고의 방법은 전쟁을 수행하고 비범한 업적을 세우는 것입니다. 가장 좋은 사례로 스페인의 왕인 아라곤 가의 페르디난도의 업적이 있습니다.

그는 약소국의 군주에서 출발하여 그리스도교 세계에서 가장 유명한 왕이 되었으므로 거의 신생군주라고 불러도 무방할 것입니다. 그의 발자취를 살펴보면, 모든 업적이 매우 주목할 만하고, 몇몇 업적은 상상할 수 없을 정도입니다. 그는 통치 초기에 그라나다를 공격했으며, 그 전쟁을 통해 국가의 탄탄한 토대를 만들었습니다.

그는 무엇보다도 우선 내정이 안정되어 신민들의 반대를 무릅쓰지 않아도 될 시기에 전쟁을 시작했습니다. 일단 그는 카스티야의 제후들이 전쟁에만 온 신경을 집중하게 만들었습니다. 그래서 국내에서는 어떠한 반란도 모의할 수 없게 되었습니다. 제후들이 이를 알아차리지 못하는 동안에 페르디난도는 명성을 쌓으면서 부지불식간에 그들에 대한 지배력을 확고히 했습니다.

그는 교회와 신민들이 제공하는 돈으로 군대를 유지할 수 있었습니다. 그리고 그 군대는 긴 전쟁을 통해 대단한 업적을 성취했고 그의 드높은 명성을 떨치게 만들었습니다.

게다가 더 큰 전쟁을 수행하려는 자신의 목표를 위해서 그는 종교를 명분으로 하여 잔인하지만 경건한 정책을 실행했습니다. 그래서 성스러운 잔혹함을 명분 삼아 왕국 내의 무어 인들을 색출하여 죽이고 몰아내는 등 유례없이 참혹한 짓을 저질렀습니다.

이와 같은 명분을 내세워 그는 아프리카를 공격했으며 이탈리아를 침략했고, 최근에는 프랑스마저 공략했습니다.

그는 항상 이런 식으로 위대한 일을 계획하고 실행했습니다. 그의 신민들은 항상 사태의 귀추를 주목했으며 긴장 속에도 놀라워하며 언제나 그 결과에 매료되었습니다. 그리고 그의 이러한 행동은 끊임없이 계속되었으므로 그에 대하여 반란을 시도할 수 있는 사람은 아무도 없었습니다.

비범한 행동을 통한 평판

군주가 국내의 문제를 해결할 때는 밀라노의 군주인 베르나보 공작처럼 비범한 재능을 보이는 것이 매우 유익합니다. 그는 신민들 중의 누군가가 어떤 특별한 일을 했을 경우, 그것이 좋은 일이건 나쁜 일이건 그 사람을 꼭 찾아내 상을 내리거나 벌을 주어 사람들 사이에서 화제가 되도록 만들었습니다. 이렇게 군주는 무엇보다도 먼저 자신의 행동을 통해 비범한 능력을 지닌 위대한 인물이라는 평판을 얻도록 노력해야만 합니다.

중립은 적을 만든다

군주는 그가 진정한 동맹인지 아니면, 철두철미한 적인지를 상대에게 확실히 밝히는 것이 좋습니다. 이러한 정책은 중립을 지키는 것보다 항상 더 나은 결과를 가져옵니다.

만약 인접해 있는 두 강대국이 전쟁을 하게 됐을 경우, 어느 한쪽이 이기게 되면 그는 군주에게 위협이 될 수도 있고 그렇지 않을 수도 있습니다. 이러한 두 가지 상황 중 어느 경우에나 군주의 입장을 명확히 밝히고 강력하게 싸우는 것이 언제나 더 현명한 정책이 됩니다. 왜냐하면 서로 싸우는 군주들에게 당신이 위협적인 존재인 경우, 당신이 자신의 입장을 밝히지 않는다면 전쟁 후에는 승리한 자의 기쁨과 만족감을 충족시키기 위한 먹이가 될 것이기 때문입니다.

또한 호의를 위한 명분이 없어집니다. 자신이 위험에 빠졌을 경우, 동맹에 의해 도와주기 위해 달려올 세력도 없습니다. 왜냐하면 승리를 거둔 자들은 누구나 자신이 곤경에 빠졌을 때 도와주지도 않는 신뢰하기 어려운 자를 동맹으로 원치 않기 때문입니다. 그리고 패자는 당신이 그를 지원해주지 않았으므로 어떠한 호의도 베풀지 않을 것입니다.

고대 아이톨리아인들의 요청에 따라 로마인들을 몰아 내기 위해 안티오코스가 그리스를 침범한 적이 있었습니다. 안티오코스는 사절을 보내 로마에 우호적인 아카이아 인들에게 중립을 지켜줄 것을 제의했습니다. 반면에 로마 는 그들에게 자신들의 편에 서서 싸울 것을 권유했습니다. 중립을 지켜 달라는 안티오코스 사절의 권유에 대해 아카이아 인들은 토론을 벌였습니다. 로마의 사절은 이 문제에 대해 이렇게 대답했습니다.

"전쟁에 개입하지 말아 달라는 그들의 제안은 철저히

당신들의 이익에 반하는 일이 될 것입니다. 전쟁에 참여하지 않는다면 당신들은 일고의 가치도 없이 결국에는 승자의 제물이 되고 말 것이다."

적극적인 동맹이 친선을 획득한다

당신의 우방이 아닌 군주는 언제나 당신이 중립으로 남아 있기를 원하는 반면에 우호 세력인 군주는 항상 무기를 들고 함께 싸울 것을 원합니다. 우유부단한 군주들은 언제나 당장의 위험을 피하기 위해 중립으로 남으려 하지만, 그것은 번번이 파멸의 원인이 되고 맙니다.

만약 확실하게 지원했던 군주가 승리를 거두었을 경우, 비록 그가 강력한 세력을 갖추게 되었고 그의 처분만을 기다리더라도 그는 당신에게 신세를 졌기 때문에 우호관계에 의해 보호됩니다. 인간이란 결코 그런 상황에서 상대를 공격할 정도로 파렴치하지는 않습니다. 또한 특히 정의와 관련되었을 때, 승자가 오만하게 행동해도 무방할 만큼 완벽한 승리는 없습니다.

만약 도움을 주었던 군주가 패했더라도, 힘이 남아 있는 한 당신을 도와 줄 것입니다. 그리하여 당신은 다시 재기할 운명을 함께 개척해 나아갈 동맹이 됩니다.

서로 전쟁 중인 두 나라의 세력이 미약하여 누가 이기든지 위협이 되지 않을 것 같은 상황에서도 전쟁에 가담하는 것이 현명한 정책입니다. 왜냐하면 다른 군주의 도움으로 또 다른 군주를 몰락시키는 셈이 될 것이기 때문입니다. 만약 그 군주가 현명한 인물이라면 자신의 적을 살려둘 것입니다. 다른 군주의 도움 없이는 이길 수 없었으므로 승자가 된 그는 이제 당신의 처분을 기다리게 됩니다.

강력한 세력과는 자발적으로 동맹을 맺지 마라

피치 못할 상황이 아니라면 다른 국가를 공격하기 위해서 자신보다 강력한 군주와 동맹을 맺어서는 안 된다는 점을 명심해야 합니다. 만약 그와 함께 승리를 거두게 되면 당신은 그의 수중에 들어갈 것이기 때문입니다.

군주란 모든 노력을 다해 다른 군주의 처분에 자신을 맡기는 일은 피해야만 합니다. 베네치아인들은 밀라노 공작을 공격하기 위해 스스로 프랑스와 동맹을 맺었습니다. 그들은 이 동맹을 피할 수도 있었지만, 결국 그로 인해 몰락하게 되었습니다.

그러나 교황과 스페인 왕이 롬바르디아를 공격해 왔을 때의 피렌체가 처했던 상황처럼 동맹을 맺을 수밖에 없는 처지라면 앞서 말한 이유로 군주는 동맹을 맺어야 합니다.

차악(次惡)을 선으로 받아들여라

어떤 국가든 자신들이 안전한 정책으로 정치를 하는 중이라고 믿어서는 안 됩니다. 오히려 모든 정책은 위험을 수반한다는 점을 깨달아야 합니다. 세상의 이치로 볼 때, 하나의 위험을 피하고자 하면 이윽고 다른 위험에 직면하기 때문입니다. 따라서 신중하게 어려움의 정체를 파악하고 피해가 최소화될 수 있는 대안을 선택해야 합니다.

산업과 상업의 장려를 위한 축제

군주는 또한 모든 기술 분야에서 뛰어난 능력을 보이는 자를 우대하고 이를 널리 과시해야만 합니다. 더 나아가 신민과 신하들이 상업과 농업 및 그 외의 분야에서 평화롭고 안정적으로 종사할 수 있도록 해야 합니다.

그들이 재산을 빼앗길 것을 두려워해 이를 늘리는 것을 주저하거나, 세금이 두려워 상업에 종사하지 않으려는 일이 없도록 해야 합니다. 오히려 군주는 어떤 방법으로든 그의 도시와 국가를 명예롭게 하려는 자들에게 보상을 내려야 합니다.

이 외에도 일 년 중 적절한 시기에 축제나 볼거리를 만들어 사람들을 즐겁게 만들어야 합니다. 각각의 도시는 길드나 씨족 단위로 나뉘어 있기 때문에 군주는 그러한 집단에게 적절한 호의를 베풀어 그들과 어울리면서 자비로움과 넉넉한 씀씀이를 보여 줘야 합니다. 하지만 어떤 경우라도 군주로서의 위엄은 훼손되어서는 안 됩니다. 그러므로 그것을 보존하기 위해 항상 신경을 써야 합니다.

제22장
군주의 행동:
군주는 인물 선택에 신중해야 한다

군주의 지혜는 주변 인물을 선택할 때 나타난다

조언을 해줄 신하를 선택하는 일은 군주에게 무척 중요한 문제입니다. 그들이 훌륭한 재능을 갖추었는지 혹은 그 반대인지는 군주의 지혜에 달려 있습니다. 통치자의 지적 능력을 알고 싶다면 우선 그 주변에 있는 인물들을 살펴볼 필요가 있습니다.

그들이 유능하고 충성스럽다면 그 군주는 지혜로운 사람입니다. 왜냐하면 군주에게는 그들의 재능을 파악하고 충성을 바치도록 만드는 능력이 있기 때문입니다. 만약 그 반대의 경우라면 군주를 낮게 평가할 수밖에 없습니다. 그 군주가 저지른 가장 큰 실수가 그러한 측근들을 선택한 것이기 때문입니다.

시에나의 군주 판돌포 페트루치의 측근인 안토니오 다 베나프로를 알고 있는 사람이라면, 그를 측근으로 삼고 있다는 이유만으로 판돌포를 매우 유능한 인물이라고 판단할 것입니다.

인간은 지적 능력에 따라 세 가지 부류가 있습니다. 첫 번째는 사물을 스스로 이해하는 것이며, 두 번째는 남들의 설명을 들은 후 판단하는 것이고, 세 번째는 남의 이야기를 듣고서도 결코 이해하지 못하는 것입니다. 첫 번째 부류는 매우 우수하고, 두 번째는 우수하며, 세 번째는 쓸모없는 경우라 할 수 있습니다.

비록 판돌포의 지적 능력이 첫 번째 부류에 속하지 못한다고는 해도, 그는 분명히 두 번째 부류에는 속한다고 할 수 있습니다. 왜냐하면 군주가 스스로 독창적인 생각을 할 수 없다 해도 다른 사람의 말과 행동을 통해 옳고 그름을 가려낼 수 있다면, 측근의 현명한 행동과 나쁜 행동을 판단하여 전자의 행동에는 상을 내리고 후자의 행동에는 교정시킬 수 있기 때문입니다. 그리고 측근의 입장에서는 그가 군주를 속일 수 없다는 것을 알기 때문에 좋게 처신하려고 노력할 것입니다.

신하의 윤리: 군주의 신뢰

군주가 신하의 사람됨을 판단할 수 있는 확실한 방법이 있습니다. 만약 군주의 일보다 자신의 일에 대해 더 많이 생각하고 모든 행동에서 자신의 이익을 추구한다면, 그는 결코 좋은 측근이 될 수 없습니다. 그래서 군주는 결코 그를 신뢰할 수 없습니다.

군주를 대신하여 국가를 다스리는 사람은 절대 자신을 돌보아서는 안 됩니다. 왜냐하면 언제나 군주에 대해서만 생각해야 하기 때문입니다.

반면에 군주는 측근의 충성심을 유지하기 위해 그를 잘 관찰하여 우대하고 부유하게 만들며 친숙하게 대하면서 명예와 관직을 수여 하는 등 그를 잘 보살펴 주어야 합니다. 그렇게 하면 그 측근은 군주 없이는 자신이 존재할 수 없다는 것을 알게 되며, 이미 얻은 풍부한 재산이 있으므로 더 많은 재산을 탐하지 않게 됩니다. 이는 자신에게 부여된 많은 관직들을 잃을까 염려하여 변화를 두려워하게 되는 마음에서 비롯됩니다.

그러므로 측근과 군주가 이런 관계를 유지한다면 서로 계속해서 신뢰할 수 있을 것입니다. 반대로 그렇지 못한다면, 항상 그 두 사람 중 어느 한 편이 불행한 결과를 맞게 될 것입니다.

제23장

군주의 행동:
아첨꾼을 어떻게 피할 것인가

현명한 사람들은 신중한 군주에게 진실을 말한다

군주가 현명하지 못하거나 측근을 제대로 선택하지 못했을 경우, 어떤 단 하나의 실수를 중요하게 여기지 않을 수도 없습니다. 바로 조정에 널리 퍼져 있는 아첨꾼들에 관한 문제입니다.

인간들은 자신과 관련된 문제에 있어 자만심이 강하고 스스로 속는 존재입니다. 그렇기 때문에 자기기만이라는 질병으로부터 벗어난다는 것은 매우 어려운 일입니다. 또한 아첨꾼들로부터 자신을 보호하기 위한 모종의 방법들은 멸시를 받게 되는 위험을 수반합니다.

그러므로 아첨에 빠져들지 않도록 하는 유일한 방법은, 군주가 진실한 이야기를 듣고 나서도 결코 화내지 않는다는 것을 사람들에게 알려야 하는 것입니다. 하지만 개별적으로 군주에게 진실을 말할 수 있다는 기회가 신민들 모두에게 주어진다면 군주에 대한 존경심은 사라지고 말 것입니다.

따라서 현명한 군주라면 제3의 방법을 택해야만 합니다. 현명한 사람들을 선별하여 그들에게만 진실을 자유롭게 이야기할 수 있도록 하는 것입니다. 그러나 오직 군주가 요청할 경우에만 진실을 이야기해야 하며 아무 때나 허용해서는 안 됩니다.

그리고 군주는 그들의 의견을 묻고 난 후에 자신만의 방식으로 심사숙고해야 합니다. 특히 조언자들의 충고가 솔직하면 할수록 더욱더 그들의 말이 받아들여진다고 믿도록 행동해야 합니다.

군주는 그들 외에는 다른 누구의 말에도 귀를 기울여서는 안 됩니다. 또한 한 번 결정된 정책은 철저히 추구하며 자신의 결정에 관해서도 동요해서는 안 됩니다. 이와 같이 행동하지 않는 군주는 아첨꾼들 사이에서 몰락하거나 그가 받는 여러 의견들에 따라 갈팡질팡거려서 자주 결정을 바꾸게 될 것입니다. 또한 그러한 처신으로 인해 존경받지 못하게 됩니다.

막시밀리안 황제는 조언을 구하지 않는다

이 문제와 관련하여 최근의 예를 들어보겠습니다.

황제 막시밀리안 1세의 조언자인 루카 신부는, 황제께서는 지금까지 어느 누구와도 상의하지 않고 자신의 방식대로만 행동한 적이 없다고 말했습니다. 이러한 일은 앞서 제가 충고한 대로 그가 행동하지 않았기 때문에 얻게 된 결과입니다.

황제는 항상 은밀한 인물로서 자신의 계획들을 아무에게도 알리지 않으며 타인의 조언을 구하지도 않습니다. 그러나 황제의 계획을 수행함에 따라 궁정에 있는 사람들이 그것에 대해서 알게 되고 서서히 알려지면서 황제에게 다른 방향을 조언하기 시작합니다. 그러면 귀가 얇은 황제는 설득을 당해 자신의 계획을 거두어들이기도 합니다. 그 결과 황제가 어느 날 계획한 것들은 그다음 날 취소되고, 이것이 반복되면 어느 누구도 그의 결정을 신뢰할 수 없게 됩니다.

그러므로 군주는 언제나 조언을 들어야 하지만 남이 아닌 자신이 원할 때 들어야 합니다. 요구하지도 않았는데 아무에게서 조언을 얻는 일은 없도록 해야 합니다. 그러나 군주는 자신의 요청에 의해 얻게 된 솔직한 조언들에 대해서는 참을성 있게 귀를 기울일 태세가 준비되어 있어야 합니다. 더 나아가 요청에도 불구하고 신하가 군주에게 침묵을 지키고 아무 조언도 하지 않는다면 노여움을 표시해야 합니다.

현명한 군주만이 현명한 정책을 따른다

어떤 군주가 현명하다는 평을 듣는 이유는 그가 지혜롭기 때문이 아니라 그의 조언자들이 훌륭하기 때문이라고 말하는 사람들이 많습니다. 하지만 이는 분명 잘못된 생각입니다. 왜냐하면 현명하지 못한 군주는 적절하게 조언을 받아들일 수 없기 때문입니다.

물론 군주가 우연히 어느 한 인물에게 전적으로 의존했는데, 그 인물이 매우 유능하고 매사를 잘 처리하고, 무척 신중한 경우를 제외하고는 말입니다. 하지만 그런 경우, 군주는 확실히 적절한 조언을 들을 수는 있겠지만, 그러한 인물이 쉽게 군주에게서 국가를 빼앗을 수도 있기 때문에 그의 권력은 오래 지속될 수 없습니다.

현명하지 못한 군주가 한 사람 이상의 조언을 듣게 되면 그는 항상 서로 다른 조언을 들을 수밖에 없을 것입니다. 그래서 여러 의견들을 제대로 조정 할 수도 없을 것입니다. 왜냐하면 조언자들은 한결같이 각자의 이해관계를 앞세울 것이기 때문입니다. 어리석은 군주는 그러한 경향을 이해하지도 못하고 통제할 수도 없습니다.

그리고 인간이란 어떤 필요에 의해 선한 행동을 해야만 하는 경우가 아니라면, 당신에게 악행을 저지릅니다. 그렇기 때문에 자신의 이익을 따지지 않는 순수한 조언자를 구할 수는 없습니다. 따라서 훌륭한 조언이란 누가 제시하든 간에 상관없이 근본적으로 군주의 현명함에서 비롯되는 것입니다. 절대 훌륭한 조언에 의해 군주의 현명함이 생기는 것이 아닙니다.

제24장
어떻게 해서 이탈리아의 군주들은
나라를 잃게 되었는가

신생 군주의 이점

신생 군주가 지금까지 논의한 조치들을 능숙하게 실천한다면 그는 오래된 군주처럼 안정감을 갖게 될 것이며, 그가 세습 군주였을 때보다 단시일 내에 권력을 정립할 수 있을 것입니다.

신생 군주의 행동은 세습 군주보다 훨씬 더 많은 주목을 받습니다. 만약 그의 업적이 훌륭하다고 인정되면 세습 군주보다 더욱 많은 인재들을 끌어 모을 수 있으며 그들을 다른 누구보다도 더 강하게 결속시킬 수 있습니다.

왜냐하면 인간은 과거보다는 현재의 문제에 훨씬 더 많은 관심을 갖기 때문입니다. 그리고 노력의 결과가 만족스럽게 나오기 위해 모든 힘을 기울일 것입니다.

그리하여 신생 군주는 안과 밖에서 영광을 누리게 될 것입니다. 왜냐하면 새로운 군주국을 창건했고, 훌륭한 법률과 강력한 군대, 믿을 만한 동맹과 모범적인 행동을 통해 국가를 잘 정비하고 부강하게 만들었기 때문입니다. 그러나 국가를 물려받았으나 통찰력과 통치력이 부족하여 나라를 잃는 자는 모두에게 수모를 겪습니다.

현명한 지도자들은 신민의 지지를 확보하고 자신의 군대를 유지한다

나폴리의 왕이나 밀라노의 공작 등과 같이 최근에 국가를 잃게 된 이탈리아의 군주들을 살펴보면, 이미 논의했던 것처럼 군사에 관하여 공통적인 취약점이 있습니다. 그 외에는 신민들이 군주에게 적대적이거나, 신민들은 호의적이었지만 귀족들을 통제할 수 없었던 상황이 문제가 되었습니다. 왜냐하면 이러한 결함들이 없었다면 전쟁에 나설 군대를 유지할 정도의 힘만 있어도 군주는 국가를 잃지 않을 것이기 때문입니다.

마케도니아의 필리포스 5세가 차지하고 있던 영토는 자신을 공격한 로마와 그리스에 비해 비교할 수 없을 정도로 작았습니다. 그럼에도 불구하고 진정한 용사였던 그는 신민들을 끌어 모으고 귀족들을 잘 다뤘기 때문에 전쟁을 오랫동안 지속할 수 있었습니다. 그는 결국 자신이 다스리던 몇몇 도시를 잃기는 했지만 자신의 왕국을 유지했습니다.

군주는 자신의 능력에 의지해야 한다

오랫동안 국가를 다스리다가 잃어버린 우리 시대의 군주들은 자신의 운을 탓해서는 안 되며, 오히려 자신의 무능함을 책망해야 합니다. 왜냐하면 평화롭던 시절에 그들은 사태가 변할 것이라고는 생각하지 않고 안이하게 미래를 대비했기 때문입니다.

날씨가 좋을 때는 폭풍이 올 수도 있다는 것을 잊고 사는 게 인간의 공통적인 약점입니다. 그러다가 곤경에 처하게 되면 그들은 자신들을 지켜낼 생각은 하지도 않고 오직 도망갈 궁리만 합니다. 그러면서도 승리자들의 착취에 분노한 신민들이 결국 자신을 다시 권좌로 불러줄 것이라고 기대하는 어리석음을 보입니다.

이와 같은 정책은 다른 모든 정책이 가능하지 않다면 시도할 수도 있겠지만, 다른 대안들을 고려하지 않은 채 신민의 행동에만 의존하는 것은 너무나도 위험합니다. 누군가 자신을 일으켜 세워 줄 것을 기대하면서 넘어져서는 안 됩니다. 그러한 일이 일어나지 않을 확률이 높고, 설령 신민이 당신을 일으켜 세워준다 해도 권력이 확고해졌다고 할 수 없기 때문입니다.

스스로의 힘으로 일어서지 못한다면 군주의 방어력은 유약하고 비겁한 것입니다. 군주의 주도하에 있고 자신의 능력에 입각한 방어만이 효과적이고 영구적입니다.

제25장

운명은 인간사에 얼마나 많은 힘을 행사하는가,
그리고 인간은 어떻게 운명에 대처해야 하는가

운명은 행동의 반 이상을 통제한다

세상일이란 보통 운명과 신에 의해 좌우된다고 믿는 경향이 있습니다. 사람들은 인간의 능력이 운명을 통제할 수 없다고 생각합니다. 그래서 인간의 지혜로는 운명과 신을 거스를 대책이 없기 때문에 이와 관련된 문제는 노력을 기울일 필요도 없고 그저 운명이 지배하도록 내버려 두는 것이 좋다고 생각하는 경향도 많습니다.

지금까지 일어났던 그리고 앞으로 일어날 인간의 판단을 넘어선 엄청난 변화들 때문에 우리 시대에 이런 경향이 더욱더 확고해지고 있습니다. 저는 가끔씩 이러한 일들에 대해 생각해볼 때 어느 정도까지는 공감하게 됩니다.

그러나 운명이 인간의 삶 중에서 반을 관장한다고 해도 자유 의지가 영원히 사라지지 않도록 하기 위해서라면, 적어도 나머지 반만큼은 우리 인간들에게 맡겨져 있어야 합니다.

운명의 범람은 통제할 수 있다

저는 운명의 여신을 격렬하게 넘실대는 강물에 비유하고자 합니다. 그 거친 물결이 넘치게 되면 평원을 뒤덮고 나무와 건물들을 파괴해 버리며, 이쪽의 땅을 휩쓸어 다른 곳에 옮겨 놓습니다. 모든 사람이 물결 앞에서 도망가 버리고, 그 어떤 방법으로도 맞설 수가 없어서 굴복하고 맙니다.

그러나 비록 강물이 그러한 본성을 지녔다 해도, 강이 평온해졌을 때 인간이 제방과 둑을 쌓아 예방 조치를 취하면, 강물이 다시 불어 넘치더라도 수로를 따라 흐르게 하거나 그 세력을 약화시켜 위험하지 않도록 만들 수는 있습니다.

운명의 경우도 이와 마찬가지입니다. 운명은 맞서서 견뎌 내기 위한 제방이나 둑이 만들어져 있지 않은 곳을 덮칠 때, 결국 모든 것이 망가집니다.

격변의 무대가 된 이탈리아를 살펴보면, 이 나라가 단 하나의 방어 시설도 없는 들판인 것을 알 수 있습니다. 만약 이 나라가 독일이나 스페인 그리고 프랑스처럼 적절한 수단으로 방어벽을 만들었다면 홍수로 인한 대변혁을 초래하지 않았거나 홍수 자체가 전혀 일어나지 않았을 것입니다. 이 정도면 운명에 맞서는 일반적인 방법에 대해서 충분히 말한 셈입니다.

자신의 행동을 시대에 잘 적응하는 사람들은 행운을 누린다

이 문제를 좀 더 특별한 경우에 한정해 살펴보면, 재능이나 성품이 전혀 변하지 않았음에도 오늘은 흥했다가 내일은 망하는 군주를 볼 수 있습니다. 저는 이러한 변고는 무엇보다 앞에서 충분히 논의했던 원인들에 의해 발생한다고 믿고 있습니다. 말하자면 전적으로 운명에 의지하던 군주는 그 운명이 변화하면 몰락해 버린다는 것입니다.

또한 우리의 대처 방식이 시대와 상황에 적합하면 성공할 것이며, 자신의 행동 방식을 시대와 조화롭게 이끌지 못한 사람은 실패한다고 생각합니다. 왜냐하면 모든 사람이 궁극적으로 추구하는 목표, 곧 영광과 재산을 얻기 위해서 모두 다른 방식으로 접근하기 때문입니다.

신중하게 접근하는 사람이 있는 반면 격렬하게 접근하는 사람이 있으며, 힘으로 얻으려는 사람도 있지만 교묘하게 얻는 사람도 있습니다. 그리고 참을성 있게 기다리는 사람이 있는 반면 정반대인 사람도 있습니다. 각각의 개인들은 이처럼 다양한 방법을 통해 자신의 목표를 이룰 수 있습니다.

한편, 신중하게 접근하는 두 사람 중에서 한 사람은 자신의 목표를 달성하지만 다른 한 사람은 실패합니다. 또한 한 사람은 신중하게, 다른 한 사람은 성급하게 처신했지만, 전혀 다른 방법을 택한 두 사람 모두 성공하는 경우도 있습니다. 이러한 상이한 결과에 대한 이유는 그들의 행동 양식이 그들이 활동하는 상황에 부합하는가에서 찾을 수 있습니다.

지금까지 열거한 결과들에 비추어 봤을 때, 상이하게 행동한 두 사람이 똑같은 성과를 얻을 수도 있습니다. 그리고 똑같은 방식으로 행동한 두 사람 중 한 사람은 자신의 목적을 달성하지만 다른 한 사람은 목적을 달성하지 못할 수도 있습니다.

이런 결과로 번영과 쇠퇴가 반복됩니다. 어떤 사람이 신중하고 참을성 있게 행동했는데 시대와 상황이 그가 택한 방법에 어울리는 방향으로 변화한다면 그는 성공할 것입니다. 그러나 시대와 상황이 다시 변하면, 그는 자신의 행동 방식을 변화시키지 않는 한 실패할 것입니다.

이러한 변화에 충분히 민첩하게 대응할 수 있을 만큼 용의주도한 사람은 그다지 많지 않습니다. 우리는 타고난 천성과 기질로부터 벗어날 수 없거나, 항상 성공을 거두어 왔던 일정한 방법을 바꾸려 하지 않기 때문입니다.

따라서 신중한 사람이 급하게 행동해야 할 상황이 되면, 어떻게 해야 할지를 모르기 때문에 실패하게 됩니다. 그러나 시대의 흐름에 맞게 자신의 성격을 변화시킬 수 있다면, 그러한 사람은 성공할 것입니다.

운명은 교황 율리우스 2세의 편이었다

교황 율리우스 2세는 모든 일을 항상 과감하게 처리했는데 그의 행동 방식이 당시 시대와 상황에 적절히 맞아떨어졌기 때문에 그는 항상 성공적인 결과를 얻었습니다.

조반니 벤티볼리오가 살아 있었을 때, 율리우스가 볼로냐를 상대로 펼쳤던 첫 번째 원정에 대해 논의해보겠습니다. 베네치아인들은 이 계획에 반대했고, 스페인 왕도 마찬가지였습니다. 그 작전에 관해서 율리우스는 프랑스 왕과 협상을 한 적도 있었습니다. 그럼에도 불구하고 교황은 특유의 결단력과 과감성으로 그 원정을 친히 지휘했습니다. 그의 진격은 스페인 왕과 베네치아인들의 허를 찔러 아무런 대책도 마련하지 못하고 완전히 수동적인 태도를 취하게 했습니다. 베네치아인들은 두려움 때문에, 스페인 인들은 나폴리 왕국 전체를 다시 탈환하고 싶은 욕망 때문에 다른 대안을 마련하지 않았습니다.

한편 교황 율리우스는 프랑스 왕이 직접 참전하도록 만들었습니다. 프랑스 왕은 베네치아의 영향력을 축소시키려고 교황과의 동맹을 원하고 있었습니다. 하지만 교황이 이미 진격했음을 알고 있으면서도 자신의 군대를 파견하지 않는다면 분명히 교황의 기분을 거스르게 될 것이고 이것이 큰 분쟁이 될 것을 염려한 프랑스 왕의 판단을 미리 예견하고 있었기 때문입니다.

율리우스는 신속한 진격을 통해 그 어떤 교황도 성취할 수 없었던 업적을 이루어 냈습니다. 그가 만약 다른 교

황이 했던 것처럼 모든 조건에 합의하고 계획이 완벽해
질 때까지 로마에서 기다렸다가 출발하려고 했다면 결코
성공하지 못했을 것입니다. 왜냐하면 프랑스 왕은 어떻게
해서든지 수많은 변명거리를 만들어냈을 것이고, 다른 나
라들은 수천 가지의 우려되는 문제들을 제기했을 것이기
때문입니다.

그가 이룬 다른 업적들에 대해서는 거론하지 않겠습니
다. 그것들은 모두 다 비슷했으며 모두 다 성공적이었습
니다. 짧았던 생애로 인해 그는 그 반대의 경우를 겪어 보
지 못했습니다. 그러나 이와 다르게 신중한 행동이 요구
되는 상황과 마주치게 되었다면 그는 몰락하고 말았을 것
입니다. 그는 결코 자신의 타고난 성품을 버리고 행동하
지 않았을 것이기 때문입니다.

따라서 저는 운명은 변하지만 사람들은 유연성을 갖추
지 않았다는 점을 들어 자신들의 처신 방법이 운명과 조
화를 이루게 되면 성공할 것이고 그렇지 못할 경우에는
실패한다고 결론내립니다.

그리고 저의 경우를 볼 때, 신중한 행동보다는 과감한

행동이 더 이롭다고 확신합니다. 왜냐하면 운명의 신은 여신이고 만약 당신이 그녀를 손아귀에 넣어두고 싶다면 그녀를 거칠게 다루는 것이 유익하기 때문입니다. 그리고 그녀가 냉철한 태도로 접근하는 사람보다 과감한 사람에게 더욱 많이 이끌린다는 점은 명백합니다. 또한 운명의 여신은 항상 젊은이들에게 이끌립니다. 젊은이들은 덜 신중하고 매우 공격적이며 보다 더 대담하게 그녀를 다루기 때문입니다.

제26장

이민족의 지배로부터
이탈리아를 해방시키기 위한 권고

이탈리아를 통일시키고 구출할 영웅을 맞이할 준비

지금까지 논의했던 모든 사항을 고려해볼 때, 저는 지금 이탈리아의 상황이 신생 군주에게 승리와 번영을 가져다 줄 만큼 무르익었는가에 대하여 생각해보고 있습니다. 신중하고 유능한 신생 군주에게는 영광을, 그리고 신민들에게는 행복을 가져다 줄 기회가 될 만한 요소가 있는지 따져 보고 있습니다. 제게는 신생 군주에게 이익을 가져다 줄 요소가 대단히 많은 것으로 보입니다. 과거에 지금보다 더 적합했던 시기는 없었습니다.

모세의 출중한 능력을 보여 주기 위해서는 이스라엘 민족이 이집트에 예속되는 것이 필요했습니다. 키루스의 위대한 정신을 드러내기 위해서는 페르시아인들이 메디아 인들에게 억압받았어야 했습니다. 테세우스의 뛰어난 능력을 이해하기 위해서는 아테네인들은 최악의 상태에 처해야 했습니다.

마찬가지로 이탈리아인들이 지니고 있는 용맹과 진가를 인정받기 위해서 이탈리아는 현재와 같은 조건 속에 갇혀 있을 필요가 있습니다. 이탈리아인들은 이스라엘 인들보다 더 복속되어 있고, 페르시아인들보다 더 억압받고 있으며, 아테네인들보다 더 흩어져 있습니다. 지도자도 규율도 안정도 없이 짓밟히고 약탈당하고 갈기갈기 찢기고 유린당해, 이른바 완전히 황폐한 상황에 처해 있습니다.

누가 지도자가 될 것인가

최근에 한 줄기 빛이 한 인물을 통해 나타나기도 했습

니다. 사람들은 그가 이탈리아의 속죄와 구속을 성취하기 위해 신께서 임명한 인물이 아닐까 하고 생각하기도 했습니다. 하지만 그 인물은 생의 정점에서 운명으로부터 배척당해 일격에 쓰러져 버렸습니다.

그로 인해 거의 활기를 잃은 이탈리아는 롬바르디아에서 자행되고 있는 약탈과 나폴리와 토스카나 왕국에서의 착취에 종지부를 찍어주고, 국가의 아픔을 달래주면서 오랫동안 곪아온 상처를 치유해줄 수 있는 누군가를 애타게 기다리고 있습니다.

지금 이탈리아는 외세의 잔혹하고 오만한 지배로부터 자신을 구해줄 누군가를 보내 달라고 신께 간절히 기도하고 있습니다. 또한 이탈리아는 누군가가 깃발을 들고 앞서 주기만 한다면 기꺼이 따를 만반의 준비가 되어 있습니다.

이제 이탈리아가 희망을 걸 만한 대상은 오로지 영광스러운 전하의 가문밖에 없습니다. 전하의 가문이야말로 행운과 능력을 겸비하고 있으며 신과 교회의 가호 아래 구원의 선봉장이 되실 수 있습니다.

만약 전하께서 앞에서 언급된 위인들의 행적과 삶을 살겠다고 결심하신다면, 그 일은 대단히 어렵지는 않을 것입니다. 비록 그들이 평범하지 않은 비범한 인물들이기는 했지만, 그들 역시 인간이었습니다. 그리고 그들 모두가 지금과 같은 호기를 갖지는 못했습니다. 왜냐하면 그들의 과업이 전하께 주어진 것보다 더 정의롭거나, 용이하거나, 신의 가호를 받은 것이 아니기 때문입니다. 전하 앞에 주어진 과업이야말로 정말로 정의로운 과업입니다.

"꼭 필요한 전쟁은 무엇보다 정의로우며, 아무런 희망이 없을 때의 무력은 신성한 것이다."

전하께서는 절대 놓쳐서는 안 되는 좋은 시기를 맞이하셨으니 앞서 제가 모범으로 제시해 드린 위인들의 방법을 따르기만 하신다면 커다란 어려움 없이 과업을 이루실 수 있을 것입니다.

그리고 신께서 전하께 전하는 특별한 전조들이 곳곳에서 나타나고 있습니다. 즉, 바다가 갈라지고, 구름이 전하의 앞길을 제시하며, 바위에서 물이 솟아나며, 하늘에서 만나가 떨어지는 등 모든 것이 전하의 영광을 위해 모여

들고 있습니다. 그러나 신은 인간의 자유 의지를 빼앗지 않기 위해 모든 것을 쉽게 다 이루어주시지는 않기 때문에 전하도 자기 몫의 임무를 수행해야 합니다.

이탈리아가 필요로 하는 것은 단지 지도자뿐이다

앞에서 언급한 이탈리아의 지도자들 중에서 어느 누구도 전하의 가문이 이룰 것으로 예상되는 업적을 성취하지 못했습니다. 이는 이탈리아에서 나타났던 모든 혁명이나 전쟁에서 이탈리아의 군사적 능력이 너무나 취약했기 때문입니다. 이탈리아의 오래된 제도들이 부실했기 때문이었으며 새로운 제도를 만들 수 있는 사람이 아무도 없었기 때문이었습니다.

스스로의 힘으로 새로운 법률과 제도를 만들어내는 것은 신생 군주에게 커다란 명예입니다. 이러한 제도들이 짜임새 있게 구축되고 위업을 성취하는 데 기여하게 되면 군주는 존경받게 되고 경탄의 대상이 됩니다. 그리고 지금 이탈리아에는 그러한 형태들을 만들어내기 위한 요소들이 풍부합니다.

이곳 이탈리아에는 탁월한 능력과 용맹을 지닌 인재들이 많지만 지도자들은 그렇지 못합니다. 결투나 소규모 분쟁에서 보여주는 이탈리아 사람들의 힘과 기술 그리고 재주는 대단합니다. 그러나 일단 군대라는 큰 형태가 구성되면 두각을 나타내지 못합니다. 이런 모든 것은 지도자들의 나약함으로부터 비롯됩니다.

유능한 사람들은 쉽사리 복종하지 않습니다. 그리고 현재까지 재능과 행운으로 남들을 이끌 수 있는 지도자로 자신을 부각시킬 수 있는 사람은 아무도 없습니다. 그 결과 지난 20년이라는 오랜 시간 동안 벌어졌던 전쟁에서 이탈리아 병사들만으로 구성된 군대는 언제나 전략이 보잘 것 없었습니다. 타로 전투와 알렉산드리아, 카푸아, 제노바, 바일라, 볼로냐 및 메스트리의 전투들이 모두 이 판단의 타당성을 보장합니다.

이탈리아의 지배자들은 충직한 신민들로 구성한 군대를 필요로 한다

만약 영광스러운 전하의 가문이 국가를 구원한 뛰어난 인물들의 자취를 본받고자 한다면, 무엇보다도 먼저 모든 군사 행동의 탄탄한 기반이 될 전하 자신의 사람들로 구성된 군대를 조직해야 합니다. 그보다 더 믿을 만하고, 충성스러우며 훌륭한 군대는 없을 것이기 때문입니다.

그들은 개별적인 병사들로서도 용감하겠지만 자신들이 모시는 군주가 직접 지휘하고 존중해주고 우대해 준다는 것을 알게 되면 훨씬 더 강력한 의지를 갖게 될 것입니다. 따라서 외세로부터 스스로를 보호하기 위해서는 전하 자신의 사람들로만 구성된 군대를 양성하는 것이 필수적입니다.

새롭고 우월한 전술

비록 스위스와 스페인의 보병부대가 가공할 만한 전력을 지니고 있다고 하지만, 둘 다 약점이 있습니다. 그래서 제3의 보병 형태를 갖게 되면 그들과 대적할 수도 있고, 격파할 수도 있다고 확신합니다. 왜냐하면 스페인 보병부대는 기병에 약하고, 스위스 군은 자신들처럼 강력하게 싸우는 보병에게는 두려움을 품고 있기 때문입니다.

그래서 우리가 익히 알고 있는 것처럼, 스페인 보병부대는 프랑스 기병을 이겨내지 못했으며 스위스 보병부대는 스페인 보병에 대해서 치명적인 약점을 가지고 있습니다. 물론 후자의 약점에 관한 직접적인 증거는 없습니다. 하지만 라벤나 전투에서 그러한 면모를 엿볼 수 있었습니다. 그 전투에서 스페인 보병부대는 스위스 군과 똑같은 전투 대형을 갖춘 독일군과 싸웠는데, 민첩하게 움직이면서 손에 쥔 작은 방패를 활용해 독일군의 긴 창 밑을 들고 들어가 심각한 타격을 입혔습니다. 독일군은 그들을 격퇴할 수 없었으며, 만약 기병들이 도와주지 않았다면 모두

몰살당하고 말았을 것입니다.

그러므로 이러한 두 군대의 약점을 찾아내면 기병대를 이겨내고 보병부대를 두려워하지 않을 새로운 형태의 보병 편제를 조직할 수 있을 것입니다. 그리고 적절한 무기를 선택하고 전투 대형을 바꿈으로써도 승리를 이룰 수 있을 것입니다. 이러한 조치는 다른 어떤 것보다 새로운 제도로서, 신생 군주에게 명성과 영광을 가져다 줄 것입니다.

이탈리아 통일을 위한 마지막 권고

그토록 오랫동안 고대해온 구세주를 만나기 위해서라도 이탈리아에 다가온 지금과 같은 기회를 그냥 흘려보낼 수는 없습니다. 이탈리아의 모든 지역에서 이방인들의 등쌀에 신민들이 고통받고 있습니다. 그렇기 때문에 신민들은 많은 기대를 가지고 구세주를 맞이할 것입니다.

어느 누가 구세주의 등장에 문을 닫고 있겠습니까? 어

떤 신민이 복종하기를 거부하겠습니까? 어떤 시기심이 구세주를 질투하겠습니까? 어느 이탈리아 사람이 그를 따르는 것을 거절하겠습니까?

이방인의 폭정으로 인한 악취가 우리들 모두의 코를 괴롭힙니다. 그러므로 이제 영광스러운 전하의 가문이 세태 속에 주어진 정당한 사명을 용기와 희망을 품고 떠맡아야만 합니다. 그리하여 전하의 깃발 아래에서 우리 이탈리아는 숭고해질 것이며, 전하의 지도 아래 페트라르카의 시가 현실로 실현될 것입니다.

용맹은 광폭한 공격에 대항하여

무기를 들 것이다.

전투는 짧게 끝날 것이다.

이탈리아인의 가슴에는

옛날의 용기가 아직 살아 있으므로…

작가 연보

1469년 피렌체에서 출생.

1498년 제2사무국 서기로 임명됨. 또한 군사 및 외교 업무
를 맡은 군사위원회의 사무국 장 겸 서기로 임명됨.

1499년 카테리나 스포르차에게 사신으로 파견됨.

1500년 프랑스에 외교관으로 활동.

1503년 교황선거에 대한 정보 수집을 위해 로마에 파견됨.

1504년 프랑스에 파견됨.

1506년 피렌체 신민권 조직을 계획했으며, 임무를 띠고
율리우스 2세에게 파견됨.

1507년 신민권을 관장하는 9인 위원회의 서기장이 되었으
며 신성로마제국의 황제 막시밀리안에게 파송됨.

1509년 막시밀리안 황제는 베네치아에 대한 전쟁을 계속

할 수 있도록 지원금을 보내기 위해 마키아벨리를 파견함

1510년 프랑스에 세 번째 파견됨

1511년 교회위원회에 반대하는 피렌체 측에 고용되었으며, 프랑스에 네 번째로 파견됨

1512년 메디치 가의 복귀로 직위에게 파면됨

1513년 반메디치 음모에 가담한 혐의로 체포되어 수감되었으나 교황 레오 10세의 등극으로 사면령이 내려 출옥함. 산 카스치아노 근처의 농장에서 은둔생활을 하며 글쓰기에 몰두함. 『군주론』을 완성하여 메디치 가의 젊은 군주 로렌초에게 바침.

1517년 「로마사 논고」 및 「전술론」 완성.

1518년 「만드라골라」 집필.

1520년 메디치 가의 사료편찬관으로 임명되고 「피렌체사」 집필 의뢰 받음. 「카스트루치오 카스트라카니 평전」을 집필.

1521년 『전술론』 출간.

1525년 『피렌체사』 8권을 완성하여 교황 클레멘스 7세에

게 헌정함. 성곽 방비를 위한 '5인 위원회' 위원장으로 임명됨.

1527년 58세의 나이로 사망. 피렌체의 산타 크로체(Santa Croce) 성당에 매장됨.

1531년 『로마사 논고』 출간.

1532년 『군주론』 및 『피렌체사』 출간.

1537년 『클리치아』 출간.

1559년 교황청에 의해 『군주론』 금서 조치됨.

스테파노 유씨가 그린 마키아벨리.
©Stefano Ussi, Niccolò Machiavelli nello studio, 1894.

1532년 발행된 『군주론』의 표제지.